大阪観光大学観光学研究教育センター

観光を見る眼

第3号

楽しむ力とツーリズム

小槻文洋・河村悟郎・身玉山宗三郎
尤驍・金世徳 著

晃洋書房

目次

はじめに

いま私たちは「観光」が大きく変わる転換期の真っ只中にいます。「観光」といえば有名観光地を巡る団体旅行だった時代は終わり、自分とは違う旅先のローカルな暮らしや「いまだけ、ここだけ、あなただけ」といった特別な体験に価値を感じる人が増え、旅人の発信したストーリーや「好き」に共感が集まるようになりました。観光を支える地域が持続可能であるための努力も各地で重ねられ、旅の内容も変化しています。ＡＩをはじめとする最新技術も今後の観光のあり方や観光での働き方を大幅に変えていくはずです。

ただ、そうした観光の変革の時代でも、観光の本質が「非日常空間への移動を伴う自由な鑑賞・創造・交流活動」であること、その根底に人間の「楽しむ力」の発露があることは変わらぬ事実です。本シリーズの創刊号『観光を科学する――観光学批判』では、「楽しむ力を備えた観光主体の形成は、観光（学）教育の核心をなす課題であり、現代社会における知性と感性を備えた市民の育成に対して極めて重要な意義をなす課題である」（大阪観光大学現学長・山田良治）とも述べています。

そこで本書では、従来はあまり注目されなかった新しい観光形態に注目しつつ「楽しむ力」をよりわかりやすくお伝えしようと試みました。第一章では、賃労働と余暇活動の区別をもとに「楽しむ力」を考えます。第二章では、セレッソ大阪を事例に、観るスポーツの一つ、相手チームの本拠地を訪ねるアウェイツーリズムを論じました。第三章では、開運・吉方にかかわるラッキーツーリズムの分析を通して、新たな旅の仕掛け、偶然の演出による日常からの脱却の可能性を論じています。第四章では、台湾先住民のエスニックツーリズムを事例に異文化交流に隠れた葛藤や不平等性について注意を喚起しています。第五章では、韓国光州のダークツーリズムを取り上げ、関係者の和解の可能性を論じました。こうした多様な観点が読者の皆さんの理解に役立てばと思います。

「楽しむ力」や「自由」は、新たな観光学の確立に必要なキーコンセプトです。同時に、「自由を共に楽しみ、社会を共に生きぬく」(『大阪観光大学憲章二〇二二』)という標語を掲げ、観光学と観光教育の発展に目的を特化した高等教育機関として再出発した大阪観光大学にとっても大事なコンセプトです。本書の『楽しむ力とツーリズム』というタイトルと内容もこれらを受けて構想されたものであることを付け加えておきたいと思います。

なお、煩雑さを避けるために、文献の引用はなるべく少なくしましたが、最小限の関連文献を各章末の「註」や「参考文献」で示しました。読者の理解の一助になれば幸いです。

小槻文洋

一　楽しむ力とツーリズム総論
——Enjoy Tourism、旅すること、観光で働くことは幸せである

1　「余暇活動」も「賃労働」も実はよく似た構造をもっている

「今日は日曜日。前から気になっていたカフェに思いきって出かけてみよう。」
「今日は月曜日。八時からミーティング。一週間の仕事が始まるなあ。」

前者は「余暇活動」、後者は「給料をもらう仕事（賃労働）」です。この二つは全く違うと感じるのが一般的な感覚でしょう。でも、よくよく考えると「余暇活動」も「賃労働」も基本的な構造は同じだ、というのが、大阪観光大学学長の山田良治の発見でした（山田 二〇一八）。どういうことでしょうか。三つの側面から説明してみましょう。

第一に「余暇活動」も「賃労働」も、いわば自分自身を観察するもう一人の自分が、自分の心の動きに簡単に流されることなく、自分自身（の能力）を変えるために自覚的に判断し行動を選んでいる点で同じです（これを「対自的」だと呼びます）。

上の例であれば、カフェに行こうと思いついた日曜日のあなたは、同時に、朝のうちに済ませ

なければならない洗濯や掃除などの家事やその他のスケジュールのことも思い出します。時間のやりくりは少し大変だけれど、カフェで幸せな時間を過ごすために、少し頑張って先に片づけてしまおうなどと自省的に考えるかもしれません。こうした自省的な状況は、月曜日に仕事に出かけるあなたにも生じています。いつもより早い八時の打ち合わせのため、あなたは早起きしてまだ眠いかもしれませんが、それでも眠気を振り切り、朝のミーティングを成功させるための段取りを心の中で確認し、必要な準備に取り掛かるはずです。担当するプレゼンの練習をして不安をなくそうとするかもしれません。

このように、日曜日のあなたも、月曜日のあなたも、その時の自分の気分や衝動に流されることなく、自覚的に行動を選んでいる点で全く変わりはありません。お腹をすかせ泣きわめく赤ん坊の（「即自的」な）行動とはどちらも正反対です。

第二にどちらも、自分の行動の結果どんな状態を実現させたいかという少し先の未来の完成形をあらかじめイメージし、必要な行動や手段を選んでいる点で同じです（これを「合目的的」だと呼びます）。

上の例での日曜日のあなたは、カフェに出かけようと思いついた時点で、カフェで過ごす自分がどんなメニューを頼みどんな気分を味わっているかを思い描いたはずです。友達と会話を楽しむのか、一人で静かに過ごすのかでもその後の行動も変わります。同じように、月曜日の朝の出勤前のあなたは、朝のミーティングがより長期的で大きな仕事に果たす役割を考え、それが実現するように必要な準備をするはずです。ミーティングを終えたメンバーが活気にあふれた表情で会議室をあとにする様子を思い浮かべているかもしれません。

このように「余暇活動」も「賃労働」も、その場の一時的な刺激だけに反応する無計画・無目的なものではなく、一定の目的に向かって行われる点で同質です。

第三にどちらも、自分以外の人やモノに関わり働きかける活動である点で同質です（これを「関係運動」と呼びます）。

例えば、カフェでのあなたは店員からサービスを受け対価を払います。あなたの笑顔は店員も幸せにし、その姿は店の幸せな雰囲気の一部として他の客の目にも映るはずです。カフェの様子を投稿したＳＮＳには友人や見知らぬ人からいいねやコメントがつくかもしれません。同じように、仕事に取り組むあなたも、同僚や社外の関係者、顧客と関わりを持ち、互いに連絡を取ったり相談したり依頼したりして、ともに仕事を進めるはずです。

このように、「余暇活動」も「賃労働」も、一人だけで進められるわけではなく、自分以外の人やモノに働きかけるという点は変わりません。

このように「余暇活動」も「賃労働」も「対自的で合目的的な関係活動」としてみれば、基本的に同質なのです。

2　楽しみの源泉は「自由な」活動にある

では、基本的に同じ構造をもつ「余暇活動」と「賃労働」とを区別する本質的な違いとは何でしょうか。活動を勤務時間に行うか、給料が出るかは実は表面的な違いにすぎません。

山田は、活動に自分が選び取る「自由」があるか否かにこそ「余暇活動」と「賃労働」の本質的な違いがあるといいます。例えば、「余暇活動」の特徴は、自分自身で自覚的・主体的に選択肢を選ぶ自由があることにあります。自分の意志に基づいて自分のやりたいことを自分の好きな時間にできる自由があるからこそ余暇活動は楽しいし、活動を共にする人がいれば達成感や楽しさも倍増します。逆に「賃労働」は他者の管理や指図のもと義務として強制され就業時間に「拘束」されています。もちろん賃労働でもやりがいや一定の達成感はありますが、そもそも賃労働をしなければ生活が成り立たないという点で自由な選択を奪われています。

ただ面白いのは、山田も指摘するように、強制や義務としての性格が強まれば「余暇活動」でもその内実を失ってしまうし、逆に「自由」つまり「自分が選択できる」度合いが高ければ「賃労働」でも余暇活動との境界があいまいになる、そして自由意思で選択して取り組めば他人に賃労働と見なされる活動でも「余暇活動」そのものに転化できるという点です。

こうした現象は、実は観光において普通に見られます。例えば、誰かが決めた気の進まない遠足はあまり楽しくないものです。逆に、地元の人にとっては日常的な仕事であっても、よそから来た観光客にとっては「異日常」を体験できる魅力的なコンテンツとなることはよく見られます。エコツーリズムや農泊、工場見学などは、地元の人とともに労働し日常を過ごすことが楽しみの源泉になっています。

また、活動の楽しさが「自由」か「拘束」かで決まる、という観点からすると、旅での偶然性が旅の楽しみにつながるという点にも納得がいきます。行先を当日まで明かさないミステリーツアーが消費者に受けいれられるのも、安心かつ快適な旅と予期せぬワクワクが上手に組み合わされているからでしょう。二〇二一年から二〇二三年にはPeach Aviationが販売した「旅くじ」が話題になりました。これは、カプセルトイのくじ引きで旅先が決まる「行き先を選べない旅」

のドキドキ感、旅のミッションとして提案される旅先でのユニークな過ごし方などが評価され、二〇二二年度グッドデザイン賞を受賞しました。くじ引きという偶然性の楽しさを全面に引き出した商品だと言えます。また、中国の動画サイトBilibiliでは行先をダーツで決めて訪問した動画をみせる「ダーツの旅」が人気だそうです。これらの商品や動画の人気は、行先が偶然に決まることに人々がある種の価値を感じることの表れだと理解できます。行先が決まっている通常の旅でも、訪問先や時間が厳しく決められているより、自由行動など自分で過ごし方を決定できる時間がある方が楽しいということも経験があると思います。

旅の偶然性が楽しみにつながるという現象が起きるのは、訪問先の選択に限りません。そのひとつに人や文化との出会いがあります。旅先で思わぬ親切に出会う、予期せぬ出会いから新しい友情が生まれる、思いきって現地の食堂に出かけて知らなかった食べ物の美味しさを知り、現地に行って文化のすばらしさに気づく。そうしたことがすべて旅の良き思い出になるということは読者の皆さんも経験されていることでしょう。すべてが決まり切っていたら、かえってつまらない。それが「自由な」活動が楽しみを生むことの証拠かもしれません。

このように自由な発想で新たな取り組みを切り拓く余地のある「観光」の仕事は、自由な活動、自分らしさを発揮できる幸せな活動だということも言えると思います。そもそも「観光」そのものが自由な楽しみであり、観光で働くことは、他の人が楽しむお手伝いをする仕事だからです。

この点について、観光の変化と絡めて、次節ではもう少し掘り下げてみましょう。

3　自身の成長や変革につながる旅への回帰が始まっている

旅行や観光を指す言葉として英語には「旅（travel）」と「観光（tourism）」があります。travel の語源をたどると「苦労・責め苦」という言葉に、tourism の語源をたどるとくるくると回る「ろくろ」を意味する言葉にそれぞれ行き当たります。例えば、三蔵法師として知られる玄奘は仏教の聖典を求めて中国からインドまで旅をしました。もしかしたら行ったきりになるかもしれない旅に乗り出したのは彼に重要な使命があったからでした。

そうした古代の「旅（travel）」が、もとの場所に確実に帰ってこられる娯楽としての「観光（tourism）」に変化したのは、一九世紀末の産業革命以後です。蒸気機関の発明によって、それまでよりも安く大量に人々を輸送する手段が生まれました。旅行会社のパッケージツアーが発明され、今につながる「観光（tourism）」の時代が始まったのです。飛行機の活用によって海外旅行も身近になりました。二〇世紀中頃に欧米を中心に二五〇〇万人ほどだった海外旅行者数は今や一三億人を超え、二〇三〇年には一八億人に達すると予測されています。

「旅（travel）」から「観光（tourism）」への変化は、旅行者のあり方をも変えました。パッケージツアーの発展によって旅行者自身が旅先の人と直接交渉しながら困難な旅を切り拓く必要はなくなります。その代わりに旅は商品に、代金を払った旅行者は「観光【客】」となり、トラブルのない旅は当たり前で、楽しみは誰かが用意するもの、周りの人は自分に尽くすものだ、と考えるようになります。日本で高度経済成長期に発展したマスツーリズムは、職場の慰安旅行など定番の観光地を決まったパターンで巡るような気晴らし的な性格の強い観光でした。確かにそこに楽しみはあったものの、ある意味では義務的で画一的な活動であり、個人の自由や創造性が発揮される程度は少なかったと言えるでしょう。

そうしたマスツーリズムに代わる新たな観光として一九七〇年代から提唱されたのが「オールタナティブツーリズム」でした。そこでは、マスツーリズムの弊害を排した、旅行者と地元の人々の相互尊重的な交流関係と地元への貢献、旅行者自身が旅を通して本物に出会う真正な体験が強調されました。この動きは、観光がもたらす利益を最大化し、自然や社会への悪影響をできる限り抑えようとする現在の「サステナブルツーリズム（持続可能な観光）」の考え方にもつながっています。旅行者の側からみれば、単なる気晴らしではなく、旅行者自身の生き方や成長、変革にとって有意義な観光を目指す流れを生んだともいえるでしょう。このことは、アメリカン・エクスプレス（American Express）が発表している「世界旅行トレンドレポート（Global Travel Trends Report）」が、地元社会との深い交流、環境負荷低減や地元への貢献などに配慮したレスポンシブルツーリズム（責任ある観光）への関心の高まりを指摘していることとも、対応しています。

こうした旅行者の側の「旅（travel）」への揺り戻しともいうべき変化は、観光を仕事とする側にも大きな変化をもたらしています。旅人として異文化や「異日常」などを体験する楽しみを知った人々が、今度は旅行者と観光地をつなぎ、旅行者が楽しむお手伝いをする側として新たな取り組みを始めています。なかには自分は地域課題の解決や地域の活性化、移住定住の促進などの仕事をしていて、必ずしも観光の仕事をしているとは思っていない人々も含まれます。これまでの旅行業・観光業の慣行にとらわれないからこそ、自由な発想で「今だけ、ここだけ、あなただけ」という特別な観光体験を生み出しているともいえますし、それだけ観光の仕事の幅が広がり、自由な働き方が可能になっているともいえるでしょう。

例えば、コロナ禍で拡がったワーケーションは、都会で働く人が地方に滞在し地元の人や他社の人々と交流する機会を生み出しました。そうしてワーケーション先が「自分にとって特別な場所」となった人々が地域に継続的に関わり、自分の持つスキルや知識を持ち寄って地域課題に貢献する事例が生まれています。また、大阪観光大学が連携協定を結んでいる「株式会社おてつたび」は、人手不足に悩む地域の農家や旅館と旅行者をつなぐ人材マッチングサービスを運営しています。「おてつたび」は「お手伝い」と「旅」を掛け合わせた造語で、お手伝いという新しい旅の目的を作ることによって、著名な観光名所ではない地域にも人が訪れ、地域の人手不足の解消だけではなく、地域活性化や地域のファン（関係人口）創出につなげることを目的にしています。代表の永岡さんはウェブサイトで「おてつたびに行ってくれた方が、お手伝いを通じて地域にぐっと入り込み、何か素敵な発見や経験をたくさんして、気づいたら自分にとっての特別な地域になって戻ってくる、そんな新しい旅の形を提案できれば本望です。」と書かれています[1]。

本書でも取り扱うスポーツツーリズム、ラッキーツーリズム、エスニックツーリズム、ダークツーリズムは、いずれも、自分の知らない地域や人々と出会い交流し共感する場を設けるという点で、こうした新しい観光に位置づけることができると思います。

4　「楽しむ力」がツーリズムの変革に果たす役割

これまで述べてきたように、自由な発想で新たな取り組みを切り拓く余地のある「観光」は、旅人として関わるにしても、旅人が楽しむお手伝いとして働くにしても、人間が元来もつ自己変革の要求、自由な活動、自分らしさを遺憾なく発揮できる幸せな活動です。

他方で、現在の観光には、観光地の受け入れ容量を上回る過度な混雑や観光客のマナーの悪さ、旅行者の満足のためだけに作られた商品が販売され、地元の人々や自然がないがしろにされるなど、克服すべき課題が多くあるのも事実です。

これは、山田が、知識社会化・サービス経済化が進み対面型の精神的な労働の比重が高まった現代社会では人間関係の軋轢が生まれやすくなり、自己成長や他者との交流を求める欲求と、気晴らし・享楽型の欲求の二種類が生まれると指摘したこととも無関係ではありません。観光する人、観光を受け入れる人、観光を支援する人のそれぞれがよりよい観光への変革に責任をもつことが今こそ求められています。

本書の趣旨からいえば、本書のタイトルにもある「楽しむ力」、より正確には「自由を共に楽しむ」力を観光に関わるそれぞれの人々が備えることによってこそ、こうした観光の変革が進むのだと主張したいと思います。

そこで、本章の最後にこの「自由を共に楽しむ力」とは何か、どのような役割を果たすのかを考えてみたいと思います。

まず「楽しむ」とは、単に快い、楽しい、うれしいという（即自的な）感情を指すのではありません。知らなかったこと、自分の常識との違い、時には不愉快なことまでも積極的に面白がるという姿勢に近いでしょう。これは、本章の最初に「余暇活動」も「賃労働」も「対自的で合目的的な関係運動」だと述べたこととも関係しています。つまり、旅人として観光する場合も、仕事として旅人が楽しむお手伝いする場合でも「対自的」で「合目的的」であることが含まれます。

言いかえれば、観光の核心にある「自由を共に楽しむ」力には、自らの心の動きを客観的に捉え論理的に思考する働き、他者からの強制を受けず自由に関心を深めたり広げたりして知的な好奇心を満たす働きを含みます。そうした力を備えることが、観光を深く楽しむことにつながります。「楽しむ力」を仮に「論理思考力×感性（感受性）」「論理的思考力×好奇心」と図式化することもできるかもしれません。例えば、美しい風景を見て素晴らしいと思うのは「感性」ですが、「美しい」と感じるのは、衝動的に感じる（即自的な）反応だけが理由ではありません。その人がそれまでに経験してきた「美しい」風景が同時に想起され比較されています。その点で様々な場所の多種多様な美しい風景を見てきた人ほど、その美しさをより理解できると考えることができます。

この点について、観光者の行動に即して補足してみましょう。「楽しむ力」の弱い旅行者は事前にメディアで仕入れた観光先のイメージを確認する「見たいものをみる」で終わってしまうことがあります。しかし、一歩進んで、ガイドブックには書かれていない情報を「見えるものから読みとる」こと、今は失われて現場にははっきり残っていない歴史や事物などの「見えないものを見る」ことができれば、「楽しみ」はより深まります。ささいな例ですが、神戸港の周辺には壁面が緩やかに曲がった建物がいくつか残っていますが、これは以前貨物鉄道の引き込み線があった名残であることなどが古い地図で確認できます。学生にそう説明すると新鮮な驚きを覚えるようです。「長崎さるく博」や「大阪あそ歩」を仕掛けた茶谷幸治氏が、「見えているものを、よく見る」「見えていないものを、見る」「謎を解く」「まちの時間をつかみとる」「自分を語る」という五段階でまち歩きの考え方を紹介されたのも（茶谷 二〇一二）、論理的思考力や好奇心に注目した点で共通していると思います。

また「楽しむ力」には「共感」という、もう一つ重要な要素があります。「余暇活動」も「賃労働」も「関係運動」であるという点を踏まえると、「自由を共に楽しむ」の「共に」が示す「共感」は要素として欠かせません。実際に、観光の現場では、経験も出身も違う旅行者が同じ時・場所を共有し、同じ物事を味わいます。美しい風景を前に旅行者同士が互いの感想を交わすこともそうですし、逆説的に共に言葉を失うという経験をするかもしれません。旅行者を引率したガイドや地域の人々がその場所への思い入れを旅行者に語ることも「共感」コミュニケーションの要素でしょう。

ただ、この「共感」は、単に自分が容易に理解できる相手への共感には留まりません。むしろ正確には「エンパシー（Empathy）」という言葉が当てはまるでしょう。この「エンパシー」という能力を、ブレイディみかこ氏は『他者の靴を履く』という印象的なタイトルの著書の中で「自分を誰かや誰かの状況に投射して理解するのではなく、他者を他者としてそのまま知ろうとすること。自分とは違うもの、自分は受け入れられない性質のものでも他者として存在を認め、その人のことを想像してみること。他者の臭くて汚い靴でも、感情的にならず、理性的に履いてみること。」（ブレイディ 二〇二一：三二）と説明しています。こうした態度はまさに観光の現場において求められるものでしょう。本書でも取り上げるダークツーリズムは戦争や災害などの人類の闇を体験し学ぶものです。加害者の行為は人道的に感情的には共感できるものでなくても、その行為を深く考えるには「他者の靴を履く」態度が必要です。

さらに他者を理解しようとする「エンパシー」は、自らの観光行動によって影響を受ける人々や社会、自然環境にも目を向けるきっかけを創り出すはずです。ドキュメンタリー「ラスト・ツーリスト」(2)「自撮りのために」(3)という作品が取り上げるのは、見えないか、見えぬふりをして他者を傷つけながら自己の欲を満足させる旅をする旅行者の姿でした。誰かが自分の旅によって傷付いているときに、あなたは本当に旅を楽しめるのか、そうした問いを観光に関わる私たちは持たなければならないのではないでしょうか。

本書では、単に娯楽や刺激を求めるのではなく、自らの成長や変革につながる旅をするための「楽しむ力」とそれを引き出す観光の形態について、大阪観光大学の教員が自らの領域を事例として様々な側面を取り上げています。ぜひ、「楽しむ力とツーリズム」を巡る思索の旅を楽しんでいただければと思います。

註

(1) 永岡里菜「私たちの思い」『おてつたびウェブサイト』https://otetsutabi.com/policy
(2) 「ラスト・ツーリスト」(原題「The Last Tourist」) タイソン・サドラー監督、二〇二一年製作、アジアンドキュメンタリーズ配信 https://asiandocs.co.jp/contents/1272
(3) 「自撮りのために」(原題「Selfie Mountain」) 取材ジェローム・ガリシェ他、二〇一九年製作、スイス　アジアドキュメンタリーズ配信 https://asiandocs.co.jp/set/1284/contents/1276

参考文献

茶谷幸治(二〇一二)『「まち歩き」をしかける——コミュニティ・ツーリズムの手ほどき』学芸出版社。
ブレイディみかこ(二〇二一)『他者の靴を履く』文藝春秋。
山田良治(二〇一八)『知識労働と余暇活動』日本経済評論社。

二　スポーツツーリズムを楽しむ

――サッカー編

1　スポーツツーリズムとは何か

本章では、スポーツツーリズムについて、サッカーという種目を題材にして観光学的な視点から分析してみたいと思います。スポーツツーリズムとはその名の通り、スポーツとツーリズムを掛け合わせた観光形態で、「観るスポーツ」「するスポーツ」「支えるスポーツ」の三つのタイプに分けることが一般的です。「観るスポーツ」は野球やサッカーなどの試合を観戦・応援すること、「するスポーツ」はマラソンやサイクリングなどの競技・アクティビティを自ら行うこと、そして「支えるスポーツ」はスポーツイベントや競技大会に主にボランティアとして参加することを指します。それぞれ様々な形でスポーツに関わっているわけですが、単にそれらのスポーツに参加して終わるのではなく、試合やスポーツイベントが開催される地域を訪れる際に、現地で宿泊したり周辺地域を観光したりすれば、それはスポーツツーリズムと見なされます。

一九九〇年代以降、グローバル化の影響によって観光客が世界中を行き交うようになると、世界各地のスポーツイベントにも気軽に参加できるようになり、スポーツツーリズムは発展していきました。日本でも、二〇〇〇年代にスポーツツーリズムの可能性が注目され始め、観光業やスポーツ産業の発展のために国を挙げて推進していくことが目指されました。二〇〇八年に国土交通省の外局として観光庁が発足すると、その二年後にはスポーツツーリズムが観光立国実現の重要な戦略として提唱されます。観光庁が毎年国会に報告する、政府が前年度に観光に関して講じた施策を取りまとめた『観光白書』においても、平成二二年版（二〇〇九年の日本の観光状況を反映したもの）にニューツーリズムの一つとしてスポーツ観光が登場しました。そこでは、「観るスポーツ」「するスポーツ」「支えるスポーツ」の三つを柱として、スポーツイベントと併せて周辺の観光旅行も推進するスポーツ観光の普及を図るために、様々な取り組みが行われたことが記されています。二〇一一年には、観光庁が「スポーツツーリズム推進基本方針」を打ち出し、スポーツツーリズムは以下のように定義付けられました。

スポーツツーリズムは、スポーツを「観る」「する」ための旅行そのものや周辺地域観光に加え、スポーツを「支える」人々との交流、あるいは生涯スポーツの観点からビジネスなどの多目的での旅行者に対し、旅行先の地域でも主体的にスポーツに親しむことのできる環境の整備、そしてＭＩＣＥ推進の要となる国際競技大会の招致・開催、合宿の招致も包含した、複合的でこれまでにない「豊かな旅行スタイルの創造」を目指すものである。(1)

ＭＩＣＥとは、企業等の会議（Meeting）、企業等の行う報奨・研修旅行（Incentive Travel）、国際機関・団体、学会等が行う国際会議（Convention）、展示会・見本市、イベント（Exhibition/Event）の頭文字であり、多くの集客交流が見込まれるビジネスイベントなどの総称ですが、この定義からも分かるように観光庁が捉えるスポーツツーリズムはとにかくその範囲が広く、かなり抽象的です。実は、学術的にもこれといったスポーツツーリズムの定義はなく、「何らかのスポーツの要素を含む観光旅行」であれば、たとえスポーツへの参加が観光旅行の第一目的ではなくてもスポーツツーリズムと見なされる傾向があります。

しかし、スポーツツーリズムと一口に言ってもスポーツの種目ごとに、また「観るスポーツ」「するスポーツ」「支えるスポーツ」のタイプ別によってもその内実は非常に複雑なはずです。そのため、観光研究としてスポーツツーリズムを分析するためには、各スポーツの特殊性や対象とする地域のコンテクストを十分に考慮する必要があるのです。そこで本章では、日本のサッカーツーリズムを題材に、「観るスポーツ」と観光旅行がどのように関わっているのかを見ていきましょう。

2　日本のサッカーツーリズム――ホームとアウェイ

サッカーツーリズムは、スポーツツーリズムの枠組みでは「観るスポーツ」に分類され、サッカーの試合を観戦・応援するために開催地を訪れ、試合と併せて現地で宿泊したり周辺地域で観光したりする行為を指します。しかし、自分の応援するクラブやそのクラブのスタジアムが自宅の近くにある場合は、地元サポーターとしてサッカー観戦のみを目的としてスタジアムに向かうことがほとんどで、そこで宿泊したり観光したりするケースは多くないでしょう。

それでは、どのような場合に単なるサッカー観戦がサッカーツーリズムとなるのでしょうか。世界中で行われているプロサッカーのリーグ戦は、基本的にクラブの本拠地（＝ホーム）で行われるホームゲームと、クラブの敵地（＝アウェイ）で行われるアウェイゲームに分かれます。そのため、サポーターが自分の応援するクラブの試合をすべて観戦しようとするためには、全試合の半分はアウェイの地に赴き、「アウェイサポーター」として観戦する必要があるのです。アウェイがホームから近い場所なら気軽に行くことができますが、遠い場所であれば宿泊する場合もあり、そうすると時間的余裕が生まれ周辺地域を観光する可能性も出てくるため、単なるサッカー観戦がサッカーツーリズムへと変わることになります。このように、サッカーツーリズムの多くは、サポーターがアウェイゲームの応援にアウェイスタジアムを訪れる際に行う現地での観光・消費活動を指すため、「アウェイツーリズム」と呼ばれることもあります。

日本のサッカーツーリズムも大体の事情は一緒で、各クラブの熱狂的なサポーターは、自分の応援するクラブの試合を観戦するために全国各地を行き来しています。日本のプロサッカーはＪリーグと呼ばれ、一九九三年に開幕しました。二〇二四年現在、Ｊリーグは一部リーグのＪ1（二〇クラブ）、二部リーグのＪ2（二〇クラブ）、三部リーグのＪ3（二〇クラブ）に分かれており、全六〇クラブが所属しています。それぞれのクラブに本拠地があり、福井・滋賀・三重・和歌山・高知・島根の六県を除く四一都道府県にＪクラブが存在するため、試合の日になると、全国各地で「アウェイツーリズム」が盛り上がるということになります。もちろん、プロサッカーの試合だけでなく、ＪＦＬ（日本フットボールリーグ）を頂点とするアマチュアサッカー界でもアウェイゲームに駆けつける熱狂的なサポーターが増えてきているので、今後「アウェイツーリズム」の規模はどんどん大きくなることが予想されています。

また、日本のプロサッカーリーグは、元々サッカーツーリズムが発展しやすいという特徴もあります。プロサッカー界の中心的役割を果たすヨーロッパのリーグ戦は、基本的に「秋春制」（八月〜九月開幕、五月〜六月閉幕）が導入されていますが、日本のJリーグは冬の豪雪がサッカーの試合や選手の練習環境に与える影響を考慮して「春秋制」（二月〜三月開幕、一一月〜一二月閉幕）が導入されているのです。そのため、春休み・ゴールデンウィーク・夏休みという、人々が最も観光に出かけるシーズンと試合日程が完全に重なるため、サッカーツーリズムの経済効果がより高くなる可能性があるのです。特に、夏休みという長期休暇中にリーグ戦が継続して開催されていることの意義は大きく、家族連れなどのファミリー層も観光旅行の一環としてアウェイまでサッカー観戦に訪れるきっかけにもなっており、世界的にも日本のサッカーツーリズムは注目を集めるようになってきています。「春秋制」については、近年日本でもヨーロッパのスタイルに合わせようと「秋春制」を導入する動きが見られます。それでも、春休み・ゴールデンウィーク・夏休みには試合が行われる予定のため、今後の動向には注目です。

各サッカークラブとしても、普段からスタジアムに足を運んでくれる「ホームサポーター」だけでなく、アウェイからもたくさんの「アウェイサポーター」が訪れることは喜ばしいことであり、「アウェイツーリズム」の活性化に向けて様々な取り組みをしています。そして、当然クラブが本拠地とする地域の自治体も「アウェイツーリズム」の経済効果には大きな期待を寄せており、サッカークラブと連携することでサッカーツーリズム全体を盛り上げようとしています。例えば、本章でも詳しく取り上げるプロサッカークラブのセレッソ大阪は、サッカー観戦を通じた大阪のスポーツツーリズムを振興するために、二〇一七年に公益財団法人大阪観光局と提携協定を締結するなど、サッカーツーリズムは単なるスポーツ振興にとどまらず地域経済の活性化にも貢献しているのです。

そこで次節では、「アウェイツーリズム」を促進するために、プロサッカークラブが具体的にどのような取り組みを行っているのかを、筆者が調査しているセレッソ大阪を事例として詳しく見ていきたいと思います。その内容を大きく分けると、ホームでの取り組みとアウェイでの取り組みに分けられます。つまり、ホームで試合が開催される際にどのようにしてアウェイからサポーターを誘致するのかと、アウェイで試合が開催される際にどのようにしてホームからアウェイにサポーターを送り込むのか、という二つの視点です。まず第3節では、ホームでの取り組み（セレッソ大阪ホーム編）を、そして第4節ではアウェイでの取り組み（セレッソ大阪アウェイ編）についての分析してみたいと思います。

3　サッカースタジアムを観察する——セレッソ大阪ホーム編

セレッソ大阪は、大阪府の大阪市・堺市をホームタウンとするプロサッカークラブで、ヤンマーディーゼル株式会社（現ヤンマーホールディングス株式会社）の「ヤンマーディーゼルサッカー部」（一九五七年創部）を前身とするクラブです。[2] クラブ名の「セレッソ（CEREZO）」はスペイン語で桜という意味ですが、桜は本拠地である大阪市の市花で日本を代表する花でもあることから名付けられ、チームカラーも桜色のピンクとなっています。エンブレムも図2-1にあるように、桜や「水都」である大阪の川をイメージしたストライプが表現されており、Jリーグが掲げる「地域密着型のクラブ運営」という理念とマッチしていることが伺えます。実は、プロ野球の球団とは異なり、Jリーグに加盟しているクラブには必ず地域名が入っており、企業名などは入っていません。そのため、サッカークラブと地域名がセットになって連想されるのですが、このあたりもサッカーツーリズムが発展しやすい要因になっているのかもしれません。

セレッソ大阪は一九九五年にJリーグに加盟し、二〇二四年シーズンはJ1に所属しています。本節では、セレッソ大阪が本拠地としている「ヨドコウ桜スタジアム」を舞台に、試合の日にどのような取り組みが行われているのかを観察してみましょう。

まず、ヨドコウ桜スタジアムの様子ですが、図2-2のようになっています。スタンドもピンクを基調として、エンブレムに使われている色を模して塗られています。そして、観戦者が座るスタンドは図2-3のような構造になっています。スタジアムに設けられた座席は、見やすさや設備などによって細かく値段が分けられていますが、基本的にほとんどがホームサポーター用の座席です。

アウェイサポーターはアウェイから「訪問してくる」ということから「ビジターサポーター」とも呼ばれますが、図2-3では南スタンド側のゴール裏にある「ビジターサポーター自由席」がアウェイサポーター用の座席になっています。サポーターの熱狂的な応援は、どこの国でも基本的にゴール裏で行われることが多く、セレッソ大阪でも熱狂的なホームサポーターは北スタンド側のゴール裏の「ホームサポーター自由席」に陣取ります。ゴール裏にも座席は備えられていますが、試合中は立って応援することが多いため、座って観戦したい人は他の座席のチケットを購入することが多いです。それはアウェイサポーターも同じで、アウェイから駆けつけてもゴール裏では応援したくないというサポーターは、メインスタンドやバックスタンドで観戦することになるのですが、南スタンド側、すなわち図2-3の右側（「ミックスバック自由席」や「南指定席」

図 2－1　セレッソ大阪のエンブレム

セレッソ大阪提供.

図 2－2　ヨドコウ桜スタジアム

セレッソ大阪提供.

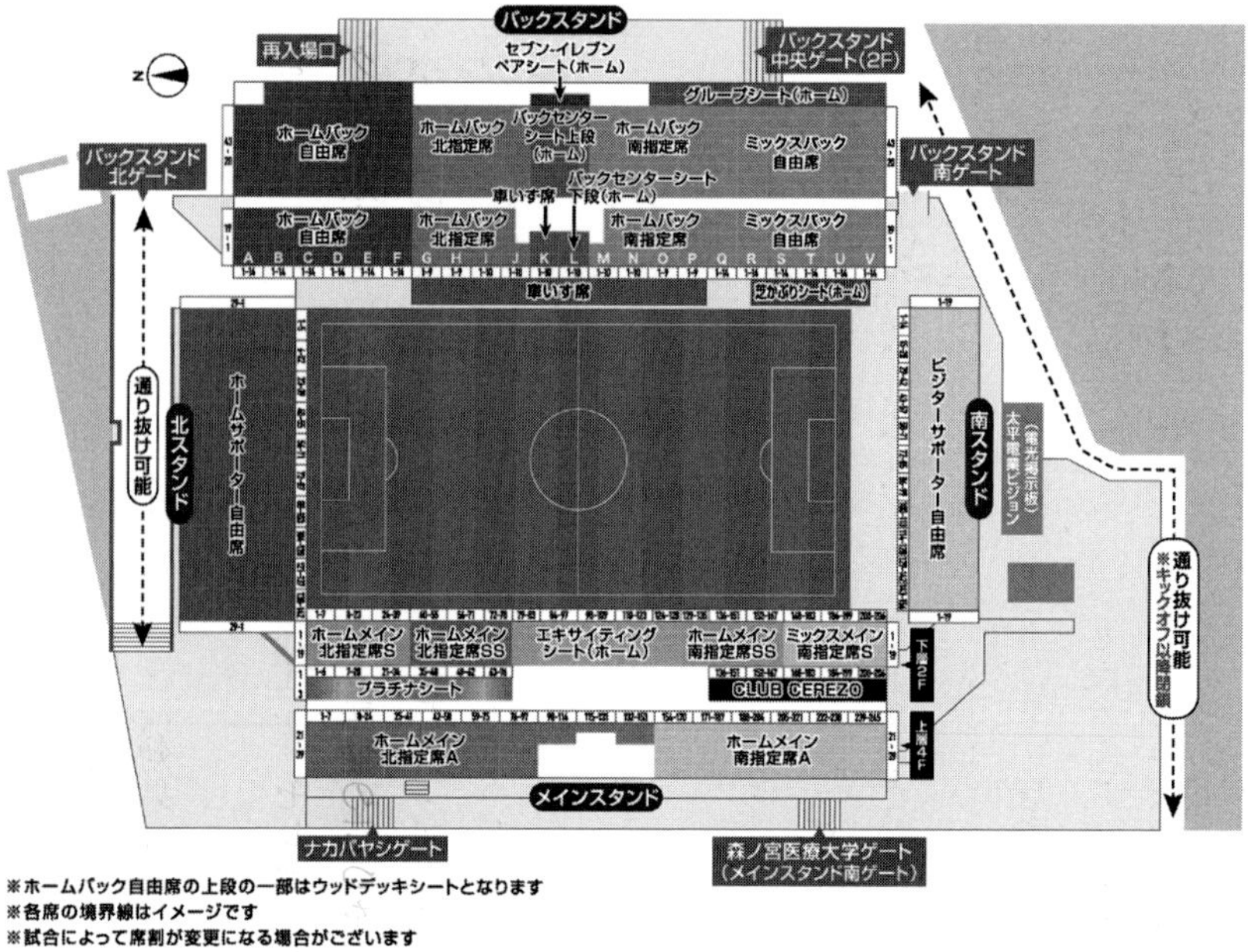

図 2－3　ヨドコウ桜スタジアムの座席案内図

セレッソ大阪提供.

と書かれた座席）に座ることが多いです。サッカー観戦ではクラブのユニフォームを着て観戦する人が多いため、ゴール裏と右側にアウェイクラブのユニフォームを着た観客が多い場合は、アウェイサポーターが多く来場しており、その分「アウェイツーリズム」の経済効果も大きいということになるわけです。

さて、このアウェイサポーターをどのように誘致するのかということですが、セレッソ大阪が試合当日に取り組んでいることとして、グッズ販売と飲食物販売とイベント開催の三つを取り上げたいと思います。まずグッズ販売ですが、「CEREZO STORE」という公式ストアがスタジアムに併設されており、試合開催日は試合が始まる数時間前からオープンしているため多くのサポーターで賑わっています。ほとんどの商品がホームサポーター用のグッズですが、中には対戦クラブとコラボしたタオル（両クラブのエンブレムが書かれたもの）などもあり、アウェイサポーターを店内で見かけることもあります。

次に飲食物販売ですが、スポーツスタジアムの周辺に試合日限定で設置されるキッチンカーなどで買うことのできるグルメを「スタジアムグルメ」と言い、略して「スタグル」とも呼ばれています。プロサッカークラブは地域に根差しているので、ご当地グルメを楽しむこともでき、毎年全国のJクラブのグルメが集結して人気ランキングなどを決定する「スタグルフェス」も開催されるなど、「スタグル」を楽しみにスタジアムに訪れるアウェイサポーターも数多くいます。セレッソ大阪でも「セレッソバル」というスタジアム場外フードパークが設けられ、たくさんの「スタグル」を毎試合堪能することができるのですが、立ち食い・立ち飲み用の仮設スタンドも設けられているため、まるでグルメイベントにいるかのような盛り上がりを見せています。ここではホームサポーターだけでなくアウェイサポーターも試合前からユニフォームを着て「スタグル」を楽しんでおり、試合開催の数時間前からスタジアムに訪れるアウェイサポーターも数多く見られます。

グッズ販売や「スタグル」はセレッソ大阪に限らず各クラブでも充実していますが、試合前のイベントに関しては、セレッソ大阪は特に充実しています。例えば、セレッソ大阪は吉本興業株式会社と「エンタメパートナーシップ契約」を締結しているため、特設会場「WAKUWAKU ステージ」では試合前に吉本興業のお笑い芸人がゲストとして登場することも多く、お笑い好きのアウェイサポーターがお笑い目的でスタジアムに駆け付けるケースも想定されます。また、セレッソ大阪はスタジアム外に「キッズパーク」を設置しているなど、キッズ向け・ファミリー向けのイベントが特に多いと言われており、他のクラブに比べて家族連れが多い傾向にあります。サポーターにインタビューしても「セレッソは誰に対しても優しいクラブだ」と答える人が多く、ある意味でアウェイサポーターにも開かれているクラブだと言えるでしょう。

このように、試合当日にはホームサポーターだけでなくアウェイサポーターを呼び込む様々な仕掛けが施されており、「アウェイツーリズム」が促進する要因になっています。もちろん試合日以外にも自治体などと連携してスポーツツーリズム自体を推進する取り組みを数多く行っており、それぞれを掘り下げていくと、必ず興味深い分析ができるでしょう。しかし、実際の経済効果やアウェイサポーターが試合以外でどのような観光旅行をしているかなどは、詳しく分かっていません。「アウェイツーリズム」を分析するためには、詳細な社会調査などが必要になってきますが、これはサッカーツーリズム研究の今後の課題の一つと言えるでしょう。

4　「アウェイツーリズム」を分析する——セレッソ大阪アウェイ編

次に、セレッソ大阪のアウェイでの取り組み、つまりどのようにしてホームからアウェイにサポーターを送り込んでいるのかを分析してみたいと思います。実は、アウェイのチケット代は収益にはならないことも起因してか、各プロサッカークラブの取り組みはホームゲームが中心であり、アウェイでの取り組みはまだまだ発展途上の段階にあります。セレッソ大阪でも多くの取り組みがあるわけではないのですが、一つ興味深い取り組みを行っているため紹介したいと思います。

それは、クルージングツアー（アウェイ観戦ツアー）の開催です。アウェイ観戦ツアー自体はどのサッカークラブも開催していますが、多くのＪクラブとスポンサー契約をしている西鉄旅行株式会社が主催するツアーのように、バス・鉄道・飛行機・ホテル・観戦チケットを旅行会社に手配してもらうものがほとんどです。

セレッソ大阪は様々な企業とパートナー契約やスポンサー契約を締結しているのですが、オフィシャルパートナーの企業の一つに「株式会社名門大洋フェリー」というフェリー航路を運営している海運会社があります。就航路線は大阪南港と北九州新門司港を結ぶ一路線のみで、一日片道二便、往復四便（二〇二四年現在、上り下り共に一七時〇〇分発五時三〇分着、一九時五〇分発八時三〇分着）運航しています。セレッソ大阪のサポーターとしては、九州を本拠地とするサッカークラブのアウェイゲームに応援に行く際にこのフェリーを利用すると便利ということになりますが、企画されたツアーも、佐賀県鳥栖市をホームタウンとするサガン鳥栖とのアウェイゲームを対象としたものでした。実施されたのは二〇二三年七月で、七月七日（金）の大阪南港一九時五〇分発・北九州新門司港八時三〇分着のフェリーで九州に向かい、試合が行われる「駅前不動産スタジアム」に向かう前に観光地（福岡の糸島市）を巡ったり呼子で昼食（名物のイカ料理）を取ったりするなど観光旅行を楽しんだ後に、一九時三〇分キックオフのサガン鳥栖vsセレッソ大阪（J1リーグ第二〇節、結果は二対一でサガン鳥栖の勝利）を観戦するという、まさにスポーツツーリズムを体現する内容になっていました。

ここで興味深いのは、ツアー名が「酒本アンバサダーと行く観戦ツアー」となっているように、このツアーはサポーターのみが参加するものではなく、セレッソ大阪の関係者も同乗して「一緒に楽しむ」という企画になっていたという点です。しかも、酒本アンバサダーと言うのは、長年（二〇〇三〜二〇一八年）セレッソ大阪で活躍した元選手の酒本憲幸（愛称は「シャケ」）さんのことであり、サポーターにとっては元選手と交流できる貴重な機会にもなっています。船内では実際に酒本アンバサダーと交流する企画も設けられており、観光地巡りの際にも同席するという形になっていました。このクルージングツアーの様子は、YouTubeの「セレッソ大阪オフィシャルチャンネル／Cerezo Osaka Official channel」で詳しく取り上げられているので、ぜひ確認してみてください(3)。動画内のサポーターへのインタビューでは、実際にこのフェリーの便利さや快適さが述べられており、様々な動機からこの海路を利用して「アウェイツーリズム」を楽しむサポーターたちの様子が伺えます。中には、このツアーに申し込んだわけではなく、たまたま自分でフェリーのチケットを取って乗船しているサポーターにインタビューしているシーンもありました。これは、海路が陸路や空路よりも安価で、かつ夜行バスよりは快適に過ごせるということを物語っており、セレッソ大阪のサポーターにとっては九州で行われるアウェイゲームを観戦する際にはフェリーも重要な交通手段になっているようです。

しかし、このフェリーを利用することでメリットのあるサポーターはセレッソ大阪のサポーターだけではありません。例えば、同じ大阪を本拠地とするJリーグクラブで、セレッソ大阪の最大のライバルともされるガンバ大阪など、関西圏を拠点とするクラブのサポーターが九州を拠点とするクラブのアウェイゲームに向かう際にこのフェリーを個人的に利用しても便利ですし、逆に九州のJリーグチームが関西圏のチームとアウェイ戦を行う際に、サポーターがフェリーに乗って関西に向かうケースも考えられます。現状は、正式にアウェイツアーとして企画されているのはパートナー契約を結んでいるセレッソ大阪のアウェイツアーだけですが、もしセレッソ大阪の協力の元で九州を拠点とするクラブ向けに、例えばセレッソ大阪と対戦する試合を対象にアウェイ観戦ツアーを企画できれば、それは第3節で見たような「ホームで試合が開催される際にいかにアウェイからサポーターを誘致するのか」という課題解決にもつながります。このように、ホームとアウェイの問題は表裏一体であり、全クラブが両方に目を向けて観客の誘致に取り組むことができれば、より日本のサッカーツーリズムは盛り上がっていくことが予想されます。

読者のみなさんも、各サッカークラブがどのような企画をすれば「アウェイツーリズム」が促進され、「全員が楽しむことができるのか」、ぜひ考えてみてください。そのためには、アウェイサポーターがどのようにしてスタジアムに来場しているのか（ツアーなのか個人参加なのか）、また実際にどのような観光旅行をしているのかなども詳しく調べる必要が出てくるでしょう。

5　スポーツツーリズムの観光学的分析のために

これまで、セレッソ大阪の取り組みを事例として、日本のサッカーツーリズムについて見てきました。サッカーツーリズムは、主にサポーターがアウェイゲームの応援にアウェイスタジアムを訪れる活動を指すことが多いため、「アウェイツーリズム」と呼ばれていました。本章で分析したセレッソ大阪の事例でも、ホームチームがいかにアウェイサポーターを誘致しているのかを確認しました。

しかし、ここでの「アウェイサポーター」とは一体誰のことを指しているのか、また本当に彼らは自分の応援するクラブの「ホーム」から訪れているのかなど、「アウェイツーリズム」が正確な形で把握されたことは実はありません。二〇一四年に新潟で行われたアルビレックス新潟vs大宮アルディージャ戦で、一度本格的に「アウェイサポーター」の実態調査がなされましたが、これは大宮サポーターの誘客活動と新潟PR事業の一環として行われたものであるため、普段の試合とは異なる状況である上に「特典を付けて集客したらいつもよりアウェイサポーターが多く来た」というやや作為的な結果になっており、「アウェイツーリズム」の全体像を明らかにしたものではありませんでした（新潟市文化・スポーツコミッション 二〇一四）。

また、そもそも「サッカーツーリズム＝アウェイツーリズム」という捉え方にも問題があります。まず、必ずしも「アウェイサポーター」が自分の応援するクラブの「ホーム」から駆け付けているわけではありません。大阪観光大学の「調査研究」という授業で、学生と一緒にＪ３リーグの試合（ＦＣ大阪vsヴァンラーレ八戸）をフィールドワークした時のエピソードですが、学生が青森県八戸市から大阪に訪れているであろう「アウェイサポーター」に興味を持ち、ヴァンラーレ八戸のユニフォームを着ている夫婦に話しかけたところ、何と二人は千葉県から大阪に試合を見に来ていたのです。話を詳しく聞くと、ご夫人の方が八戸出身でヴァンラーレ八戸サポーターなのですが、今は二人で千葉に在住しているため、普段は「ホーム」である八戸まで試合を見に行けず、今回のように千葉からアクセスの良いアウェイゲームに観光がてら足を運ぶことが多いと言うのです。

そして、同じことが「ホームサポーター」にも言えるはずです。基本的にサッカーツーリズムの文脈では「ホームサポーター」はほとんどお金を落とさない存在として「アウェイツーリズム」の対象からは自然と外される傾向にありますが、そのクラブの熱狂的なサポーターだからといって近くに居住しているとは限りませんし、「ホームサポーター」だからと言って観光・消費活動を行っていないとは限りません。世界的な人気を誇るイギリスのプレミアリーグなどでは、すでに「ホームサポーター」の中に外国人観光客を含む多くの地元住民以外のサポーターが含まれている例が報告されていますが（Law 2002）、W杯での日本代表の活躍や海外リーグで活躍する日本人選手の影響で、特にアジア圏からの強い人気を誇るJリーグにおけるサッカーツーリズムを分析する際にも、「ホームサポーター」とは一体誰のことを指しているのかを同時に把握する必要があるでしょう。

このように、サッカーツーリズムの研究はまだまだ発展途上で、その実態を探るためには現地で実際に起こっている現象を観察することから始めなくてはいけません。また、サッカーツーリズムの対象は基本的にサポーター中心ですが、よく考えてみるとサッカークラブの関係者（選手・

監督・スタッフなど）も試合ごとに大移動をしています。彼らが観光（例えば必勝祈願の参拝に神社を訪れるなど）をしているケースもあるため、ツーリズムの観点から言えば彼らも少なくない額のお金を消費しています。さらに、クラブチームの試合だけでなく、日本代表チームの試合も人気が高く多くの人々が全国各地から集まるため、サッカーツーリズムをより正確に分析するためには、サッカーツーリズムに関わっているすべての人に注目していく必要があるでしょう。これは、サッカーに限らずすべてのスポーツツーリズムにも言えることなので、みなさんもぜひ興味のあるスポーツがどのようにツーリズムと関係しているのかを「楽しみながら」考えてみてください。

註

（1）観光庁（二〇一一）「スポーツツーリズム推進基本方針」二頁 https：//www.mlit.go.jp/common/000160526.pdf
（2）セレッソ大阪オフィシャルウェブサイト https：//www.cerezo.jp
（3）セレッソ大阪オフィシャルチャンネル「【豪華フェリーでシャケが行く！】名門大洋フェリー」https：//www.youtube.com/watch?v=JDsqPvo6wE4&t=1s

参考文献

Law, C. M.（2002）*Urban tourism：The visitor economy and the growth of large cities.* Continuum.
新潟市文化・スポーツコミッション（二〇一四）『Jリーグ・アウェイサポーター誘客事業実績報告書』。

三　ラッキーツーリズムを楽しむことを手伝うコツ
――孤独問題の視点から

1　ラッキーツーリズム（吉方旅行）とは何か

（1）日本の神社仏閣で手軽に入手できる「暦」

毎年、二月三日の節分の頃にいわゆる『恵方巻』の宣伝が行われ、多くの人が『恵方巻き』を『恵方』に向かってかじり、開運を祈念しています。また、平安時代において、貴族たちは凶運をおそれ、いわゆる『方違え』を行っていたことはよく知られています。また中国においても諸葛亮孔明は方位の力を用いて連戦連勝していたことがよく知られています。日本では意識するしないに関わらず方位の力からくる吉凶を生活に取り入れているといえるのではないでしょうか。本章で扱う『吉方旅行（ラッキーツーリズム）』とは「人が方位の力を利用して運気を上げることができる旅行」で（西谷（二〇一六）参照）、知る人ぞ知る旅の楽しみ方の一つです。これを特に孤独問題と地域振興の視点から政策学的に考察してみます。

それではどのようにすれば方位の力を利用できるのでしょうか。まずは、日本の神社仏閣で手軽に入手できる「暦」を見てみましょう。

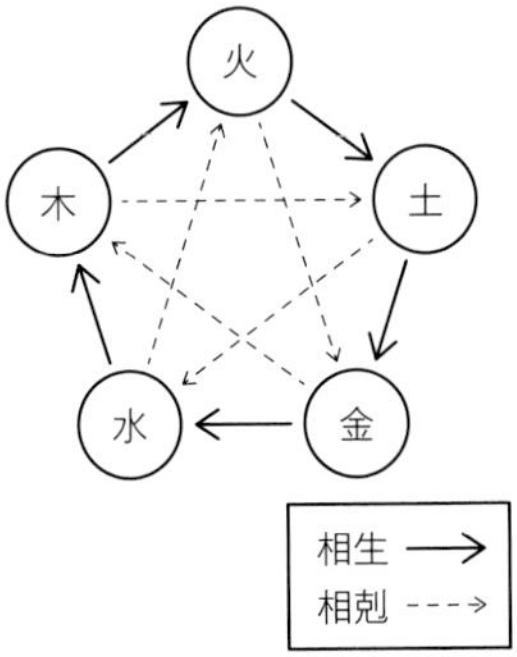

図３－１　五行（木火土金水）の関係図
出典：川合泰代（2016）「日本人の聖地信仰と干支」『E-journal GEO』日本地理学会，p. 191.

（2）誕生日、現在寝泊まりしている所、特定日、吉方位

「暦」を開けると大抵の「暦」にはいわゆる九星早見表がついています。

吉方位の力を利用するためには、まずこの表を用いて「本命星」を割り出す必要があります。例えば、昭和四八年七月生まれであれば、九紫火星が「本命星」となります。

次にこの本命星から見た場合の吉方位を特定します。そのためには「暦」の中のいわゆる方位吉凶早見を使うことができます。令和四年において本命星が九紫火星である場合の吉方位は、三碧木星の方位、四緑木星の方位、二黒土星の方位、八白土星の方位となります。「暦」に記されている方位吉凶早見は、通常の地図とは異なり、「北が下」に描かれていますから、三碧木星の方位は東、四緑木星の方位は南東、二黒土星の方位は南西、八白土星の方位は北東ということとなります。

ここで方位は現在相当長期間寝泊まりしている場所からの方位であって住民票がある住所とは限りません。

また方位を語る場合の一年は、二月三日の節分に始まり節分に終わります。したがって、令和四年二月三日から令和五年二月三日までの一年間に、九紫火星の人が行う吉方位旅行の候補となる方位は、東、南東、南西、北東となるといえます。ただし、「暦」に記されている方位吉凶早見は、年盤で、実は他に月盤、日盤、時盤があり、これらを組み合わせるこ

とにより、吉方旅行のための年月日時を特定することができます。詳しくは、例えば、カシオ計算機株式会社（二〇二三）「時の九星」『keisan 生活や実務に役立つ高精度計算サイト』を使えば時盤まで詳しく知ることができますので参照してみてください。

また、なぜ九紫火星の人から見て三碧木星、四緑木星、二黒土星、八白土星の方位が吉方位となるか、につきましては、拙著（身玉山宗三郎（二〇二二）「ニューツーリズム研究としての吉方旅行研究の枠組み試論――特色がない町でもツーリストディスティネーションになれる――」『大阪観光大学研究論集第二二号』大阪観光大学観光学研究所）に記してあるのでぜひご参照いただきたいですが、要するに五行説にいう相生の関係にあるからといえます。

反対に五行説にいう相克の関係にある方位は凶方位となり、これが平安貴族達が方違えをして避けていた凶方位となります。

また、方位の力は、距離が遠ければ遠いほど、滞在期間が長ければ長いほど、その効果が著しく現れるとされます。

（3）吉方旅行の特徴

i．あてずっぽうまではないランダム性

吉方旅行は前記のとおりの一種の計算により吉方位を割り出すため、法則性がみられ、あてずっぽうではないものの、人が普段見聞きする情報に基づく旅行先選定とは一致しない可能性が高く、ランダム性があります。

現在、「ミステリーツアー」、「どこかにマイル」、「旅くじ」、「どこかにビューーン！」などの

名称で、「旅行の目的地やテーマが出発まで明かされない」という行き先不明のツアーが人気です。人気の理由は、偶然に身をまかせてスリルあふれるドキドキ感を味わえるからだといわれます。

吉方旅行は、ミステリーツアーほど偶然ではないですが、ランダム性があり、普段得ている情報に基づく先入観を離れ、新鮮な出会いを楽しむことができます。

ⅱ．必ずしもハイシーズンと重ならない

吉方位と旅行時期の定まり方は前記のとおりであるので、花見や紅葉の季節とか、雑誌やテレビで特集されたとかとは関わりません。

したがって旅行時期に関して必ずしも旅先のハイシーズンとは重ならず、交通費や宿泊費において低コストで実施することが可能です。

ⅲ．オーバーツーリズムになりにくい

吉方旅行の旅先は、各人の寝泊まりしているところから見た方位となるため、多くの人が吉方旅行を実践しても、旅先は寝泊まりしているところと同じ数だけ分散するため、吉方旅行実践者が一箇所に集中することが起こりにくく、したがって、吉方旅行を原因としたオーバーツーリズムは発生しにくいこととなります。

また旅先ハイシーズンやメディア広告とも無関係であることはすでに述べたとおりで、旅行先において混雑を避けて余裕を持って旅を楽しむことができます。

iv．基本的に一人旅

吉方位は上記の計算によって割り出されるため、誕生年が一致するか、誕生年に九の倍数を足した数が一致しなければ、複数の人は同一の本命星となりません。

さらに、吉方位は寝泊まりしているところを起点とするため、近くに寝泊まりしているのでなければ同じ方位をとり、同じ旅先を選ぶことは困難です。

したがって、吉方旅行は基本的に一人で実践する旅行ということができます。

現代は孤独の問題があるといわれますが、吉方旅行の場合は出発の時点での旅仲間を必要としないため、孤独感を意識せずに出発できます。

また、吉方旅行の道中や旅先では大いに人と交流できますから、先入観に基づかない新鮮な出会いを楽しむことができ、この新しい出会いは孤独を解消する一助となりえます。

（4）吉方旅行における旅行先での観光行動と象意

吉方旅行において旅先では基本的に自由に楽しめばよいですが、他方で方位が持つ「象意」があるため、「象意」を生かした楽しみを実践することがより運気を上げることにつながるとされます。

「象意」も五行説から導き出されるもので、例えば九紫火星にとっての吉方位である三碧木星の象意は、「青色」「酸味」「騒がしさ」などとなり、具体的には、「紺碧の海」「寿司」「柑橘類」「音楽会」などを楽しむとより運気が上がるということになります。

また吉方旅行では、後に述べる「お水取り」や「お砂取り」のように特有の観光行動を行うことができます。

（5）吉方旅行の推定需要

吉方旅行の需要については、現時点で統計データはありません。

そこで google の検索結果件数を用いて吉方旅行の需要について考察したいと思います。

まず、「吉方位旅行」で検索すると約四一〇万件の結果が得られます。この数値は「コンテンツツーリズム」の約四九四万件に近づく勢いで、「スポーツツーリズム」の約八四六万件には遠く及ばないものの、「エスニックツーリズム」の約一一万件、「ダークツーリズム」の約九〇万件を大きく超えており、相当な需要が見込めることが伺われるといえるのではないでしょうか。

2　旅人からみた吉方旅行

（1）なぜ人は吉方旅行に出発するのか

それでは、なぜ多くの人が「吉方旅行」ないし「吉方位旅行」を検索し、旅に出るのでしょうか。現代は孤独の問題があるとされますが、一方で、各業界で「お一人様」対応のサービスの提供が活況です。吉方旅行はまさに「お一人様」のための旅行形態で、気軽にかつ一人でも気兼ねなく実践できるものです。

また、一定の計算方法にしたがうという制限のもとでランダムに旅先が決定されるため、自分の先入観を超えた新鮮な出会いへのワクワク感が満たされるところもメディアの情報に食傷気味な現代人のニーズに合っているのではないでしょうか。

さらに現在オーバーツーリズムが問題になっていますが、旅行者の方でもオーバーツーリズム状態よりは、余裕を持った観光旅行をしたいと思うのが合理的ですから、オーバーツーリズムを避けられる吉方旅行は最適といえます。

そして、幸運を願わない人はいませんから、現状に不運を感じている人はもちろん、そうでない人も開運を期待できる吉方旅行は魅力的です。結果的に旅人が思う形での幸運が実現するか否かとは別に、この期待感・ワクワク感が旅人を吉方旅行へ向かわせるといえるのではないでしょうか。

（2）お水取り

i．お水取りとは

お水取りで有名なのは東大寺二月堂のお水取りですが、本章でいうお水取りとは吉方位において湧水を取水することをいいます。

吉方旅行は、吉方へ旅して佑気を体内に取り入れて運気を上げるものですが、そうだとすれば、吉方から湧き出る水を飲むことや温泉に入ることは効果が高いとされます。湧き水には、水気、土気、金気が含まれ、温泉であれば火気も含まれます。

古くは、後白河院の誕生の際に、誕生した産児の吉方を勘案してその方角にある河川から「吉方水」を汲み取り宮室に持ち帰って産湯水としたそうです。現代においても、吉方旅行へ出て寝泊まりするのではなく、吉方位が揃った日に吉方へ湧水だけを取りに行くことを実践する人も多いです。

ⅱ．お水取りの方法と効果

お水取りは、年盤だけではなく月盤、日盤、時盤が揃ったタイミングで吉方にある湧き水を取水し、光の入らない器に入れて、九日間連続して分けて飲むのがよいとされます。

吉方旅行は旅先が遠ければ遠いほど、滞在期間が長ければ長いほど効果が高いとされますから、吉方の水を体内に九日間に渡って取り入れることは滞在期間の延長を模しているといえそうです。

ⅲ．お土産としての側面

吉方水は九日間に渡って飲むのがよいので、通常は帰宅後にも飲み続けることとなります。そうすると吉方水は持ち帰るお土産としての側面もあることとなり、吉方旅行の実践者からすれば、便利にお水取りができて持ち帰ることができればありがたいこととなります。

（3）お砂取り

ⅰ．お砂取りとは

お水取りとともに吉方旅行特有の観光行動としてお砂取りが挙げられます。

お砂取りとは、吉方旅行先の土地の土砂を少量いただいて自宅に持ち帰る行為を指します。そして、その土砂は、自宅周辺にまいたり、枕の下に置いて寝たりして使用します。

すでに述べたとおり、吉方旅行は、滞在時間が長ければ長いほど効果が高いので、お砂取りも吉方位で寝泊まりすることを延長することを模しているのではないでしょうか。

ⅱ．お砂取りの方法と効果

お砂は吉方旅行先の土砂を少量いただくわけですので、例えば海岸の砂を少量いただくとか、所有権が問題にならないやり方で採取することになります。量は耳かき一杯程度でよいとされます。土砂には、土気、金気、水気、木気が含まれており、水に比べて長期間に渡って効果が持続するとされます。

ⅲ．お土産としての側面

お砂取りは、その場で使用するというよりは、土砂を自宅へ持ち帰って、まいたり、敷いて寝たりして使用することが前提となっています。

そうすると吉方水同様、土砂は持ち帰るお土産としての側面もあることとなり、吉方旅行の実践者からすれば、便利にお砂取りができて持ち帰るようにできればありがたいこととなります。

3　受け入れ側から見た吉方旅行

(1)　特別な観光資源がない街でも吉方旅行のディスティネーションになるという意味

吉方旅行は、有名な景色などの観光資源やメディアによる観光地宣伝とは関わりなく実施されます。ですので、現状は、吉方旅行者は受け入れ側の知らぬ間にやってきて、知らぬ間に帰っていることとなります。吉方位は前記のような方法で定まるので、実は受け入れ側から逆算して広告を打つことができます。例えば、令和五年六月一一日は、年盤、月盤、日盤が揃う日で、この日に本命星が九紫火星の人が兵庫県宝塚市に住んでいたとして、吉方は東方となりますから、伊豆大島が吉方旅行の候補地となります。

これを伊豆大島のＤＭＯから見れば令和五年六月一一日が吉方旅行の出発日だから兵庫県、大阪府など、西方にいる人に呼びかけて吉方旅行の旅先に選んでもらう広告を出すことができるわけです。

（2）吉方旅行独特の観光行動への対応

ⅰ．象意行動への対応

吉方旅行独特の観光行動として象意行動、お水取り、お砂取りがあるわけですが、これらに対応していれば、吉方旅行の旅先として有力な候補地になり得ます。

例えば令和五年六月一一日を出発日として兵庫県宝塚市から伊豆大島という東方へ吉方旅行へやってきた旅人に対して、青いもの、酸っぱいもの、騒がしいものの提供をアピールできるのであれば、象意行動に対応できているといえ、これはさほど難しくないのではないでしょうか。

ⅱ．お水取り場所の整備、有料化

一定数の吉方旅行者はお水取りをしたいわけですが、実は湧き水を見つけるのは簡単ではありません。これを吉方旅行先のＤＭＯが湧き水マップを作って紹介したり、持ち帰り用の容器を有料で販売するなどすれば、吉方旅行独特の観光行動への対応ができていることとなり、旅行先選定の際の魅力が上がることとなります。

ⅲ．お砂取り場所の整備、有料化

お砂取りでも、土砂の採取地点を探すことは簡単ではありません。旅先に常に海岸があるわけではないことはいうまでもありません。そこで吉方旅行先のＤＭＯが、関係機関と調整して土砂を採取してよい場所を設定したり、土砂を有料で頒布しているところを紹介すれば、吉方旅行独特の観光行動への対応ができていることとなるでしょう。

実際**写真3-1～3-7**のようにお水取りやお砂取りができる好例があり、この対応はさほど難しくないことが理解できるのではないでしょうか。

写真３－１　お水取り場所の整備，有料化例
（於静岡県富士山本宮浅間大社）
筆者撮影.

写真３－２　お水取り場所の整備，有料化例
（於静岡県富士山本宮浅間大社）
筆者撮影.

写真３－３　お水取り場所の整備，有料化例（於御嶽山三の池）

水深は約13mといわれ御嶽山の池の中でも枯れることがなくいつも水を湛えています．

ひしゃくが用意してあり，水を汲んで帰ることができます．

画像：木曽おんたけ観光局提供．

写真３－４　お水取り場所の整備，有料化例（於御嶽山八海山山小屋）

１本約250cc．700円．八海山山小屋で販売されている．

筆者撮影．

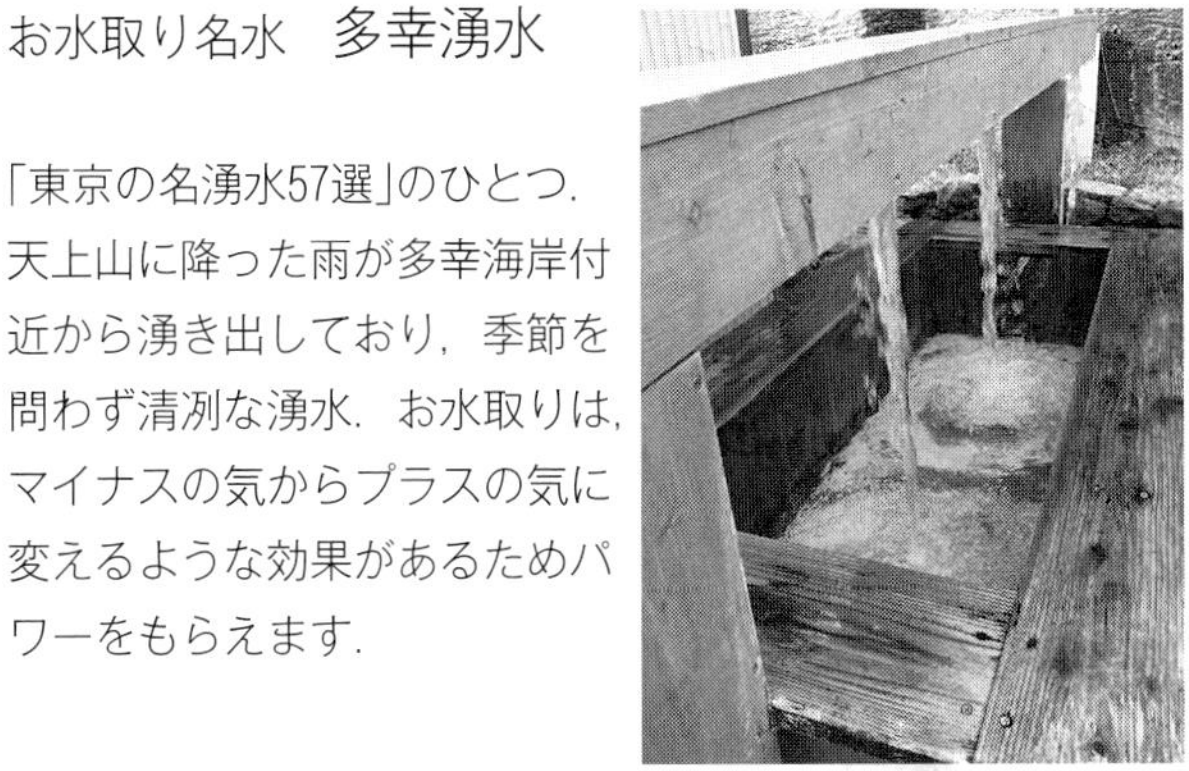
お水取り名水　多幸湧水
「東京の名湧水57選」のひとつ．天上山に降った雨が多幸海岸付近から湧き出しており，季節を問わず清冽な湧水．お水取りは，マイナスの気からプラスの気に変えるような効果があるためパワーをもらえます．

写真３－５　お水取り場所の整備，有料化例

出典：東海汽船 web サイト　神津島　わたしたちのおすすめ⑬
https://www.tokaikisen.co.jp/island/kozushima/

富士山
浄砂

写真３－６　お砂取り場所の整備，有料化例（於静岡県富士山本宮浅間大社）

筆者撮影．

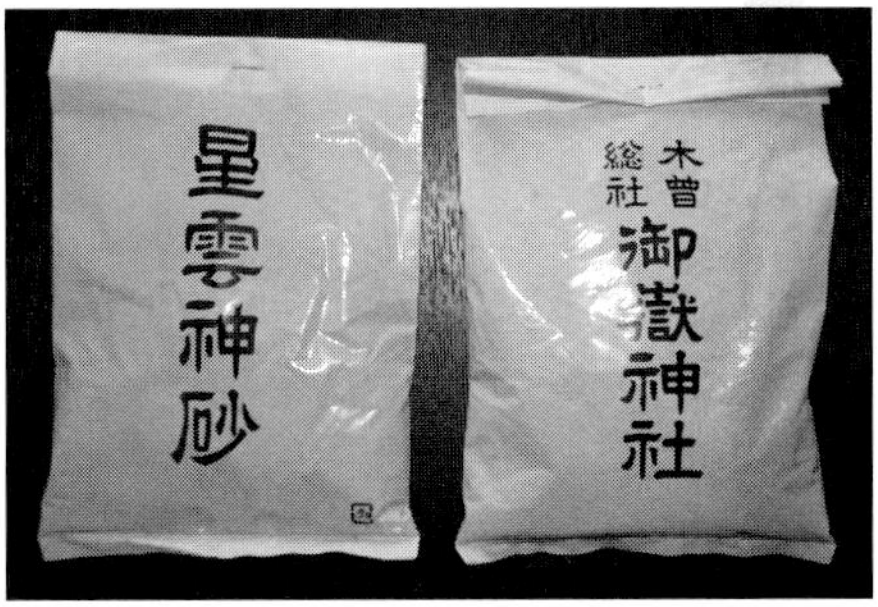
星雲神砂
木曽
総社
御嶽神社

写真３－７　お砂取り場所の整備，有料化例（於長野県御嶽山黒沢口御嶽神社里宮）

筆者撮影．

4　旅行業者から見た吉方旅行

吉方旅行は先に示したような計算方法で旅行先が定まります。この計算は慣れればすぐに答えを出せますが、初めは自分の計算が当たっているのか、かえって凶方位を選んでいないか、不安になるかもしれません。

そのような吉方旅行初心者のために旅行業者が吉方旅行先の選定から関わって、交通手段や宿泊場所を提案できます。また、象意に適合する移動手段や宿やイベントや食べ物の選び方など、旅行業者が提案できる事柄は相当幅広く、そこに未開拓の市場がひらけているといえるのではないでしょうか。

5　孤独問題解決への吉方旅行の可能性

最後に本ブックレットシリーズが対応しようとしている社会的諸問題の一つとしての孤独問題と吉方旅行について考察してみます。

世界各国で孤独感染症の脅威が指摘されていて、その一つとしてひきこもりがありますが、これは世代的には若年層から高齢者にまで及んでいるとされ、深刻な問題となっています。人間関係をめぐる緊張の連続が孤立感やストレス性の慢性疲労を生み出しうつ病やひきこもりを引き起こし重篤化した場合には絶望感から自死にいたることも稀ではないといわれます（山田（二〇二一）参照）。

山田（二〇二一）は観光と孤独問題との原理的な関係について考察し、ストレスに満ちた労働環境に適応できる力は、余暇活動との関わり、特に非日常世界との関わりが、生活においてどの程度の意味をもってきたかが、孤独問題への耐性の強弱に大きく影響する可能性があるといい、ひきこもりの背景には、自由な鑑賞・創造・交流活動を享受する力（楽しむ力）が、日本で脆弱である可能性があると指摘します。

それでは、日本でひきこもりになりそうな人、またはひきこもりになってしまった人が自由な鑑賞・創造・交流活動を享受する力（楽しむ力）を涵養するため非日常世界へ出かけるにはどうしたらよいでしょうか。

この点、身近な人と一緒に旅に出ることなども考えられ、それができればよいですが、中には身近な人がいない、身近な人とも口をききたくない、といった人もいるかと考えられます。そして、ひきこもりになりそうな人、ひきこもりになってしまった人は、自分自身が不運であると感じている場合が多いのではないでしょうか。そうであればこそ、できるのであれば自分自身や現在の境遇を好転させたいと思っている人も多く潜在していると考えられます。またひきこもりになってしまった人は堂々巡りの思い込みの悪循環にはまっている可能性が高いと推測できます。

そこで吉方旅行の登場です。先に述べたとおり、吉方旅行は基本的に一人旅ですので、出発の時点で旅仲間は必要ではなく、また、吉方旅行は幸運を引き寄せるとされるものでワクワクしますし、旅先は計算によって選ばれるので普段の堂々巡りの思い込みやマスメディア等から浴びせられる情報の波から離れることができ、ひきこもりになりそうな人、ひきこもりになった人でも、出かけやすいといえるのではないでしょうか。また吉方旅行の道中や滞在先で新しく出会った人々とは大いに交流してよいので、孤独感も解消されます。ですので吉方旅行は孤独問題解決に貢献する観光として最適なのではないかと考えられます。

このように吉方旅行は、現在自分は不運だと思っている人でも、現在自分は幸運だと思っている人でも、すべての人が開運を目指してワクワクする観光をすることができます。

筆者のわたくしも吉方旅行を実践しています。吉方旅行に開運効果があるかと問われれば、あくまでも個人の感想ですが、あると感じます。特に「最近ついていないな」と感じているときに吉方旅行を実践すると元のそこそこ幸運な自分に回復するように思います。また、吉方旅行を実践していると、吉方位に移動中に、しばしば「あ、今、祐気が摂れている。」という経験をします。これは実際に感じてみないとわからない感覚だと思います。

令和六年（西紀二〇二四年）（次の年の節分まで）の吉方旅行の出発日（年盤と月盤と日盤が揃う大開運日）がある月は、令和六年四月と令和七年一月です。

吉方旅行へ出発して開運してみませんか。

参考文献

加藤みち子（二〇二〇）「江戸時代日本における天道信仰――陰陽道の影響を中心に」『武蔵野大学仏教文化研究所紀要』三六号、武蔵野大学。

神明館（令和三）『兵庫県神社庁撰定　壬寅令和四年神社暦』。

西谷泰人（二〇一六）『吉方旅行』マガジンハウス。

水野正好（一九九六）「産育呪儀三題（二）」『文化財学報』第一四集、四一―五一頁、奈良大学文学部文化財学科。

身玉山宗三郎（二〇二二）「ニューツーリズム研究としての吉方旅行研究の枠組み試論――特色がない町でもツーリストディスティネーションになれる――」『大阪観光大学研究論集』第二二号、大阪観光大学観光学研究所。

山田良治（二〇二一）『観光を科学する――観光学批判』「観光を見る眼」創刊号、晃洋書房。

カシオ計算機株式会社（二〇二三）keisan 生活や実務に役立つ計算サイト https：//keisan.casio.jp/exec/system/1298015429（二〇二三年九月二九日閲覧）

四　エスニックツーリズムを楽しむ・楽しませるコツ

――台湾先住民のフィールドから

1　楽しくない観光もある

本章はエスニックツーリズムに目を向けます。特にエスニックツーリズムの中で「楽しくない」場面に焦点を当てたいと思います。筆者は文化人類学を専攻し、二〇一六年から二〇二〇年までの間、台湾の先住民族ルカイの村々で合計一三カ月間のフィールドワークを行いました。主な調査地の一つであるＫ村は有名な観光地で、先住民文化を観光資源とするエスニックツーリズムが盛んに行われています。筆者がＫ村に滞在していたところ、たくさんの観光産業従事者と観光客に出会いました。その中には、地域の住民と真摯に向き合い、先住民の独特の伝統文化と先住民の人々の熱い人情を存分に楽しむ観光客が多くいました。しかし、その反面、先住民の文化と慣習を十分に理解せず、現地の住民に対して尊重もせず、嫌われる観光客や観光ガイドも少なくありませんでした。

本書の第一章で小槻が述べている通り、観光における「楽しむ」とは、単に快い、楽しい、うれしいという感情を指すのではありません。知らなかったこと、自分の常識との違い、時には不愉快なことまでも積極的に面白がるという姿勢に近いのです。この意味では、嫌われる観光客にとっては、「観光を楽しむ」とは決して言えず、観光ガイドにとっても観光客を「楽しませる」とは言えません。ひいては地域の住民にとって観光そのものも「楽しくない」ものになってしまいます。

本章のタイトルには「楽しむ・楽しませるコツ」が入っていながら、なぜ逆に「楽しめない」ことや「楽しくない」ことにこれほど紙幅を割くのか不思議に感じる読者もいるでしょう。それは、エスニックツーリズム（あるいは、すべての観光活動）を楽しむ・楽しませるための最も重要なコツが、まさに観光活動には、じつは「楽しめない」・「楽しくない」こともあるということに気づくことだ、と筆者は考えています。

筆者が専攻する文化人類学という学問はいったい、われわれの日常生活に何の役に立つのかという質問がよく聞かれます。その質問に対し、世界各地の様々な文化から、日常生活の中の「当たり前さ」をひっくり返して、それが「当たり前ではない」ことを再発見することに意義がある、というのは筆者を含める多くの人類学者の定番の答えです。やはり、生活の中の「当たり前」のことに対して誰でも深く考えはしません。それが、じつは「当たり前ではない」と気づいてはじめて、考え直すことが可能になり、新しい知見を発見することになります。

この考え方は、エスニックツーリズムをはじめ、すべての観光活動にも当てはまります。つまり、いったん「観光が楽しいものだ」という先入観にとらわれたら、観光が観光客にとって、あるいは観光地の住民にとって「楽しくない」かもしれないということを意識できなくなります。観光の方法、影響、意義などについても深く考えられなくなります。このような先入観を捨てて、観光はじつは「楽しめない」・「楽しくない」可能性があることを意識してはじめて、観光を楽しくする方法、観光の真の楽しみを探求することが可能になります。これこそ観光を楽しむ・楽しませるコツだ、と筆者は考えます。

2　エスニックツーリズムとその問題点

前節で論じた観光にある「楽しめない」・「楽しくない」可能性は、すべての観光活動に当てはまると考えられますが、とりわけ、エスニックツーリズムには顕著です。本節はエスニックツーリズムの定義と特徴を説明しながら、なぜ、エスニックツーリズムには「楽しめない」・「楽しくない」状況が生じやすいのかについて検討したいと思います。

エスニックツーリズムは、エスニック観光や少数民族観光とも呼ばれています。『観光学事典』では、エスニックツーリズムについて、「エキゾチックなエスニックグループの生活形態を経験し、その人々と交流することを目的とした観光である」（Jafari ed. 2000）と定義づけています。

自然風景を主な観光対象とする自然観光や、歴史的建築物や遺跡を主な観光対象とする歴史観光と比べて、エスニックツーリズムの観光客は、観光地で実際に生活している人々の生活習慣や舞踊・儀礼などに対して関心を寄せています。つまり、エスニックツーリズムの目的は、「モノ」への志向より、「ヒト」への志向が強いと言えます。

しかし、このような「ヒト」への志向の背後には異文化への興味関心がありながら、大航海時代および植民地主義の展開から由来した「未開社会」というエキゾチックなものへの希求も見え隠れしています。エキゾチックなものを求めるエスニックツーリズムにおいて、観光客を送り出す社会と観光客を受け入れる社会との間には、顕著な経済格差や文化的な異質性を有する場合が多いです。つまり、エスニックツーリズムの観光客の多くは高度に工業化された都市社会に属し、観光地は「第四世界」と呼ばれる先住民族や少数民族の伝統的な（むしろ伝統的と考えられる）居住地に当てはまります。

もちろん、今日の世界的な先住民の地位獲得運動の高まりを背景として、政治・経済的な格差を前提にした見世物的な民族文化の提示と消費はしだいに見直されるようになってきました（竹尾 二〇〇八）。しかし、今日に至ってもマクロレベルにおける先進工業社会と「第四世界」の間の格差は未だに解消していません。ミクロレベルでのエスニックツーリズムの現場において、観光客と観光地の住民の政治・経済的な格差も存在しています。

エスニックツーリズムの背後には、このような非対称な関係がある以上、観光客による異文化への関心、あるいはエキゾチックなものへの希求は、必ずしも現地の人々に対して良い影響を与えるわけではありません。

エスニックツーリズムの目的が、エスニックグループの文化や生活形態を直接的に体験することにあるため、観光客はエスニックツーリズムを楽しむことを追求すればするほど、現地の人々の日常生活を覗いたり、入ったりする希望も強くなります。しかし、日常生活に入ろうとする観光客の希望に対して、観光地に暮らす少数民族／先住民族の人々は、必ずしも彼らを歓迎し、受け入れようとするわけではありません。とりわけ、観光地に居住しながら観光産業に恵まれていない人々にとっては、日常生活を覗こうとする観光客は日常生活に対する邪魔者に他なりません。たとえ観光産業に携わる人やその親族にとっても、見せたがらない、または見せられないプライベートの生活をもっています。

したがって、観光地に住む人々は、「エスニックな日常生活」を見せかける観光空間を作り出し、観光客の希望に満足させながら、プライベートの生活を守るための「防衛線」を張らなければなりません。(1) しかし、観光産業の発展と観光地情報の共有、実際の観光経験が積み重なるにつれて、観光客は次第に「エスニックな日常生活」に見えていたものが演出されたものにすぎないと気づき、飽きてしまうことになるかもしれません。そこで、エスニックツーリズムの根本的な目的にある「真正」のエスニック文化を求める観光客は、ますます「防衛線」を圧迫していくわけです。

このような状況に対して、一部の観光客が、観光地の文化、慣習を尊重し、「防衛線」の前から退却します。また、観光地に暮らす人々と真摯に向き合い、「防衛線」の後ろの日常生活に歓待される観光客も少なくありません。

しかし、その反面、「防衛線」を暴力的に突破し、現地の人々の日常生活の邪魔者となる観光客も現れます。特に、エスニックツーリズムにおける顕著なマジョリティ／マイノリティ、先進国／途上国、裕福層／貧困層という不平等な権力関係と結びつけている以上、観光地の住民が、観光客による「防衛線」の一時的な突破を防御することは難しいです。「防衛線」の内部に侵入した観光客は、たとえ悪意をもたなくとも「嫌われる観光客」となります。

では、このような「防衛線」をめぐるコンフリクトは、いかに防いだり、解消させたりすることができるのでしょうか？　次節から、筆者が実際に現地調査した台湾先住民ルカイの村落におけるエスニックツーリズムの現場に目を向けましょう。

3　台湾先住民族ルカイのK村のエスニックツーリズム

台湾には、マジョリティである漢族以外、オーストロネシア系の先住民たちが古くから台湾島ならびその周囲の島嶼部に居住してきました。現在、「台湾原住民族」という固有名で呼ばれる先住民の人々の中には一六の民族集団が公的に認定されています。その総人口は現在約五八万人で、台湾総人口の約二・五%を占めています。漢族がマジョリティを成している台湾社会の中で、圧倒的なマイノリティ状況に置かれています。

筆者の調査対象であるルカイ（魯凱族）は台湾島南部の高雄市、屏東県、台東県の山地に居住する先住民族の一つです。人口は約一万三千人の小さい民族集団です。

ルカイ社会は、伝統的に人々が世襲の貴族階層と平民階層に大別されます。貴族階層の頂点に立つ伝統的なリーダーは、一般的に「大頭目」と呼ばれます。大頭目は昔、村落のすべての土地を所有したり、特定の模様やモチーフの装飾物を使用したりすることなど、様々な特権を独占しました。しかし、近代化の過程の中で、それらの特権をほとんどすべて失いました。現在、大頭目は他の人々と同じように仕事して稼いで生活を送っています。大頭目やその近親者たちの中から、自分自身の地位身分や所有する様々な装飾物を利用して、観光産業に携わっている人も現れています。

本章の調査地であるルカイの村落・K村は、標高約四五〇メートルの山地に位置しています。総人口は約六〇〇人です。近年では、就労や就学を目的として都市への転出者が多く、実際に村に住んでいるのは約二〇〇人と言われています。

写真４－１　ルカイの伝統的な石板屋の例

（上）屏東県霧台郷，2018年３月，（下）高雄市茂林区，2019年10月．筆者撮影．

Ｋ村はルカイの中で最も古い村落の一つで、少なくとも一七世紀の半ば頃から現在の地に居住してきました。また、日本植民地期、統治のために多くのルカイ村落が強制移住させられましたが、Ｋ村は強制移住が行われませんでした。したがって、Ｋ村の村落の中にはルカイの伝統的な家屋である石板屋（スレート家屋）や木彫、石彫などが多く残されており、エスニックな文化資源が豊富です。

Ｋ村では一九七〇年代から、色濃い先住民文化を売りどころとするエスニックツーリズムが発展してきました。近辺のいくつかのルカイ村落の中で、Ｋ村には最も伝統的な建築物が残されているため、行政機関はＫ村に観光開発の重点を置きました。Ｋ村は、最も伝統的なルカイ村落だと宣伝され、観光開発が推進されました。加えて、一九九〇年代後期から、従来の行政主導の観光開発と異なった形で、地域住民参加型の観光開発が推進されるようになりました。Ｋ村の多くの住民は観光産業に従事し、観光ツアーの企画、観光ガイド、観光客向けの民宿・飲食店・土産店の経営に携わるようになりました。現在、Ｋ村の観光産業は、漢族の団体ツアーや日帰りドライブを主な対象とし、先住民文化と自然風景を売りどころとして運営されています。

4　エスニックツーリズムに対する不満

現在、エスニックツーリズムはK村の産業経済を支える重要な産業です。しかし、筆者がK村で調査していた間、観光に対する不満な声がよく耳に入っていました。K村の住民には観光産業に携わる人が少なくありませんが、住民が全体的に観光に対してマイナスなイメージを持っていると言えます。漢族を中心とする観光客に対して、嫌悪感などのネガティブな気持ちを持つ住民も少なくありませんでした。

なぜK村の住民が観光や観光客に対して、嫌悪感をもっているかといえば、複数の側面からの理由が見受けられます。まず、経済面において、主として観光客の消費が少ないことに不満の矛先が向けられています。K村を含めてほとんどの先住民村落は面積が小さいため、外部の旅行会社が設計した観光ツアーの中の一つのスポットに過ぎない場合が多いです。観光客が村落地に三〇分から一時間程度滞在し、その後すぐ次のスポットに向かわなければなりません。宿泊はもちろん、飲食店や土産店で消費することが少ないのです。したがって、観光客が支払ったお金がほぼすべて外部の旅行会社に吸収され、K村の住民にはほとんど還元されません。このような状況に対して、K村の住民はしばしば、「観光客が村に入ったら、ただぶらぶら歩き回って、(公衆トイレで)おしっこして、ゴミを捨てて帰る」というふうに不満げに描いています。

観光活動が現地の人々の日常生活に対する邪魔と、ゴミなどの公害問題をもたらしていることもよく問題視されています。観光客が勝手に住民の庭や家を写真撮影すること、民宿に泊まって夜中に大声でカラオケをすること、村落地で車を運転して住民の安全を脅かすことなどが指摘されています。また、近年では観光客が記念撮影のために石板屋の壁を登ったり、壁の石板を破壊して破片を持ち帰ったりしたような迷惑行為がニュースになったこともあります。

さらに、観光が住民の不満を招くもう一つ理由は、観光ガイドが行う村の伝統文化に対する解説にあります。K村に訪れる団体ツアーのガイドには、K村の出身者もいますが、外部から来た者（漢族や他の先住民族出身者）のほうが多いです。外部の観光ガイドが、K村の伝統文化を観光客に向けて解説する際、その内容にはかなり不正確なものが多いです。とりわけ、ルカイの諸村落の間では、言語的・文化的な差異が顕著です。外部の観光ガイドは、現地の人々に確認せず、観光マニュアルやインタネットの記事などを参照して文化解説を行う場合が多く、解説の内容には、他のルカイ村落の慣習を間違ってK村に当てはめていたこともあります。この状況に対して、K村の住民が「外の観光ガイドがでたらめばっかり」と評しています。

以上の不満の理由を総じてみると、経済面においても文化の解説においても、現地の住民の多くが観光の「主体」から排除され、ただ単に観覧の「対象」にされていることが共通しています。ある日、筆者がK村の数人の住民と一緒に家の外で酒を飲みながら歓談している時、団体ツアーの観光客たちが隣の道を通りかかりました。好奇心に満ちた観光客の視線に対して、筆者と同席する五〇代の男性が、「俺らは動物じゃねぇよ」と冗談半分で叫び出しました。これは観覧の「対象」とされている住民の不満を端的に表すものだと考えます。

以上の一連の問題は、その一部が資本主義市場経済や台湾社会におけるマジョリティとマイノリティの権力関係に由来し、簡単には解消できません。他方、問題の一部は、観光客の現地社会に対する配慮や、観光客と現地社会をつなげる観光ガイドの働きによって解消できるものもあると考えられます。次節では、二人の観光ガイドの事例に目を向けます。

5　嫌われる観光客、歓迎される観光客

二つの事例を説明するために、まずK村の地図を説明しておく必要があります（図4－1を参照）。K村の村落地は四角の形をし、その中に約一〇〇軒の家が立ち並んでいます。村落地の外には村を囲む「外環道」があり、徒歩でそれを一周しても約一〇分しかかかりません。村落地の中には南北の道が七本あり、家々を区切っています。七本の道の中で、真ん中の道が比較的広く、「メイン通り」と呼ばれています。他の六本の道は車一台がぎりぎり通れるほどの細い道です。一方、東西の方向には家々の立ち並びが密で、車が通れるほどの道がありません。東西方向への徒歩移動は、家屋の間の狭い路地を通って人の家の庭から通らなければなりません。その場合には騒音を立てたり、住民の室内の姿が窓から見えたりして住民の生活の邪魔になりやすい状況です。K村の村民なら、親戚や知人の庭を気楽に通りますが、人間関係が希薄な場合は、その人の庭を通ることを遠慮して遠回りする場合もあります。

K村の人口の増加と観光産業の発展に伴い、外環道の南の国道沿いには住宅やコミュニティセンター、観光者向けの飲食店、喫茶店、土産店が数軒建てられました。さらに、村落の入り口に、観光バス用の駐車場と公衆トイレも建てられ、伝統文化をモチーフとする彫刻、ペインティングなどの飾りも作られました。

K村の住民は日常会話の中で北の外環道の中の空間を「上部落」と呼び、南の国道沿いの空間を「下部落」と呼びます。「上部落」と「下部落」はそれぞれ、生活の空間と観光の空間を成し

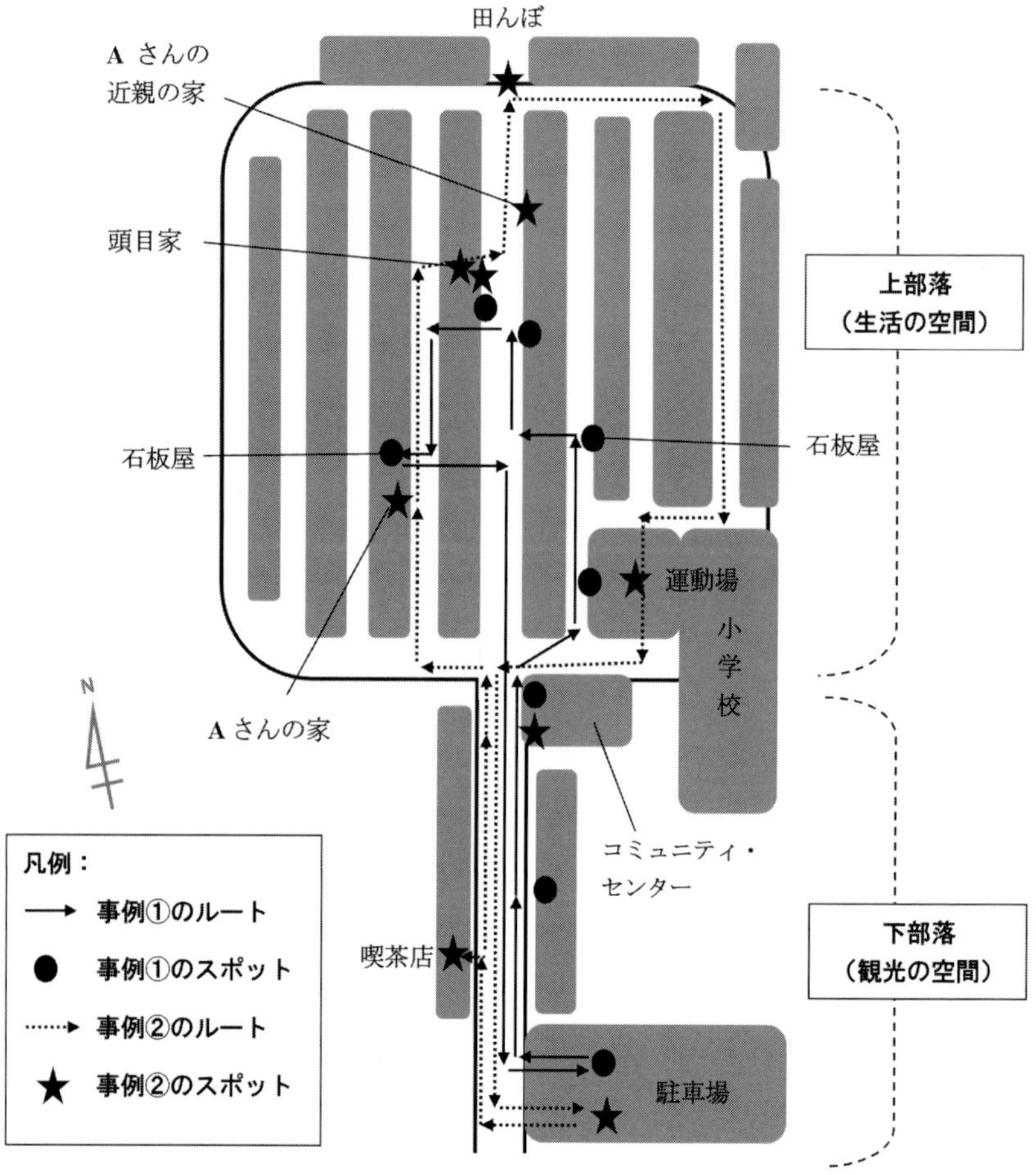

図４－１　Ｋ村の略図と事例①②の観光ルート

筆者作成.

ています。しかし、限られた面積の中で、生活の空間と観光の空間をはっきり区切ることができません。次の事例①で見られるように、観光客が生活の空間に侵入する状況が見られます。

【事例①　横切りのルート】

二〇一九年のある日、筆者がある団体ツアーの観光ルートを観察しました。団体ツアーを引率したのは外来の漢族中年女性のガイドAさんでした。

観光客一行は村落の入り口の駐車場で観光バスから下車しました。まず、下部落のある農産品を販売する店の外に移動しました。この店の外の壁には伝統的な狩猟活動などを表す絵画が飾られており、Aさんがそれを用いて狩猟に関する慣習を説明しました。その後、一行は買い物せずに、前にあるコミュニティセンターに移動しました。コミュニティセンターの外壁には、K村の起源神話を表す巨大な絵画が飾られています。Aさんはそれを紹介しながら、K村の起源神話を説明しましたが、その内容には間違いが多くありました。続いて、村落の運動場の外に移動しました。運動場の外壁には、伝統的な生活様式を表すペインティングのある石板が複数飾られています。Aさんが石板を用いてK村の伝統的な慣習を説明しましたが、その内容はどうやら他のルカイ村落の慣習で、K村の慣習とは異なりました。

その後、上部落に入り、運動場の北にある住民の石板屋の外に移動しました。そこでルカイの伝統的な家屋を説明しました。そして、Aさんは観光客たちを連れて、西にある家屋の間の狭い路地を通って、メイン通りに行きました。そこである土産店の装飾品を説明しましたが、買い物をしませんでした。続いて、Aさんは観光客たちを連れて西へと家屋の間の路地を通りました。

そこには二〇〇〇年代に建て直した石板屋（現在、ある住民が居住）があります。Aさんが観光客たちをその家の庭まで案内し、それが昔から保存されてきた伝統家屋で、頭目の家であるように説明しました。これも明らかに事実ではありませんでした。

続いて、Aさんは観光客たちを連れてまた家屋の間の路地を東へ通り、メイン通りに戻りました。そこから下部落に戻り、飲食店の外の露店でソーセージや愛玉子（オーギョーチ）の飲みものなどを買いました。その後、観光バスに乗って次のスポットに移動しました。K村での滞在時間は約三〇分でした。

この事例の中で、漢族のガイドAさんの観光ルートには、家屋の間の狭い路地を通る行為が三回ありました。このような「横切りのルート」は、不可避的に現地住民の窓外や庭などのプライベートの空間へ侵入することになります。観光スポットの設置にも、家屋の所有者の了承も受けずに、勝手に他人の敷地に侵入しました。さらに、観光客に説明した内容にも誤りが多くありました。

観光客を非難するつもりはありませんが、この事例の中では、観光客たちが無意識的に地域住民の生活の邪魔者になり、「嫌われる観光客」になってしまいました。さらに、観光の目的となる先住民文化に対しても、正しい情報を獲得していませんでした。この意味では、エスニックツーリズムを楽しんだとは決して言えないのです。

一方、次の事例②で見られるように、現地出身の観光ガイドが、観光客を楽しませながら、日常生活での親族関係・人間関係を利用して、観光活動による地域住民の生活への侵入を最小限に抑えるケースが見られます。

【事例②　縦のルート】

二〇二〇年のある日、K村出身の観光ガイドBさんが団体ツアーを案内しました。Bさんは四〇代の女性で大頭目家の近親者です。彼女は長年、文化観光産業に従事し、観光ガイドとツアーの企画を仕事としています。

Bさんはまず、駐車場から下車した観光客たちを下部落のある喫茶店に案内しました。その喫茶店はBさんの近親者が経営しており、中には伝統的な装身具、道具などが多く展示されています。Bさんはそれを用いてK村の伝統文化を説明しました。その後、一行は喫茶店の中で、愛玉子の飲みものを飲みました。飲み終わったら、コミュニティ・センターに移動し、K村の起源神話を紹介しました。

そして、Bさんは一行を自宅の石板屋の外まで案内しました。石板屋とそれに飾っている木彫を説明しました。Bさんの家のすぐ隣に二〇〇〇年代に再建された石板屋がありますが、彼女はそれを紹介しませんでした。自宅での説明が終わったら、Bさんが一行を引率して南北の道を歩き北にある大頭目の家屋まで案内しました。それでK村の伝統的な頭目制度などを紹介しました。一通り説明が終わったら、大頭目家の庭を西へ通り、メイン通りに移動しました。そこで大頭目の近親者の石板屋を紹介し、メイン通りに沿って北に移動しました。移動中、通りかかったある家屋に飾られていた伝統的な模様を紹介しましたが、その家もじつは大頭目家の近親者でした。続いて、北の外環道まで移動し、村落の北にある田んぼなどを紹介しました。その後、外環道から回って運動場に移動し、運動場で餅づくりなどの文化体験を行いました。その後、一行は下部落にある飲食店で食事し、観光バスで次のスポットに移動しました。

Bさんの観光ルートの設計では自宅や近親者の家をメインのスポットに設置することが特徴でした。その後、なぜこのように設計しているのかという筆者の質問に対して、彼女は、「他人の家まで案内すると、生活に迷惑をかけて不満を招くかもしれない。それを避けるために近親者の家を利用している」と答えました。

この事例では、K村出身のBさんの観光ルートは、なるべく路地や庭を通らない「縦のルート」です。一度だけの「横切り」も、自分の近親者（大頭目家）の庭を通ったのです。さらに、観光スポットの設置には、他人の日常生活の邪魔にならず、運動場、コミュニティセンターなどパブリックの空間に加えて、自宅・近親者たちの家屋を中心に案内しました。限られた空間の中で、観光ガイドが自分の親族関係・人間関係を基準として、案内可能なプライベート空間とそうではないプライベート空間とをはっきり区別し、地域住民の生活への影響を最小限に抑えました。この事例では、観光客がK村の伝統文化を楽しむことと、地域住民の生活の邪魔にならないことがある程度両立できたと言えます。

なお、本節では、外来の観光ガイドと現地出身観光ガイドの二つの事例を提示しましたが、筆者は外来の観光ガイドが必ず「悪役」で、現地出身観光ガイドが必ずエスニックツーリズムを成功させていると言うつもりはありません。むしろ、外来の観光産業従事者でありながら、現地の人々と真摯に向き合い、歓迎される観光ガイドと観光客もたくさんいます。重要なポイントは、やはり十分な尊重をもって現地の人々と信頼関係を築き、このような人間関係を観光活動に取り入れて活かすことにあると考えます。

6　エスニックツーリズムで異文化交流を楽しむ・楽しませるために

以上の議論から、観光という活動は観光客と観光地の住民の両方、あるいは片一方にとってはいつも「楽しめる」・「楽しい」ことではないことが分かります。特に、観光地で実際に生活している人々の生活習慣や舞踊、儀礼などを観光対象とするエスニックツーリズムでは、このような傾向がなお一層強いと言えます。エスニックツーリズムの現場はつねに異文化交流と異文化理解が求められていますが、それは必ずしもうまくいくわけではありません。なぜなら、異文化間の交流の背後には、葛藤とコンフリクト、さらに不均衡・不平等な権力関係が隠れているからです。

したがって、エスニックツーリズムの観光客たちは、エスニックツーリズムの中で、必ずしも観光地の文化について正確な情報を獲得し、満足できる文化体験ができるわけではありません。さらに、不本意に地域住民の生活の邪魔者になり、嫌われる存在になりかねません。この場合、観光客がエスニックツーリズムを楽しむことができず、エスニックツーリズムそのものも、観光地の住民にとっては楽しくないものになってしまいます。

観光客は、エスニックツーリズムを楽しむために、まず自分の異文化に対する興味関心とそれを探求する活動は、現地の人々の生活に迷惑をかけ、不利益をもたらす可能性があるということを念頭に置かなければなりません。現地の人々の生活と文化はただ単に観覧の対象ではありません。彼らは観光客と対等的な人間として、真摯に交流、理解、尊重すべき相手に他なりません。

さらに、観光ガイドをはじめ、観光産業従事者にとって、観光客と観光地の住民の間で生じる葛藤を調和し、両方を「楽しませる」こと、つまり「共に楽しむ」ことに手伝うことが重要な責任です。それを実現するために、まずエスニックツーリズムの諸々の問題を十分に念頭に置く必要があります。これらの問題を意識してはじめて、それを解決したり、回避したりする方法を探ることが可能になります。もちろん、エスニックツーリズムには、一人の力で解決できない問題も少なくありませんが、それに真剣に向き合う責任感を持つことが大事です。まず、一人の力で解決できることとしては、観光地の文化を十分に理解し、観光客に正しい情報を伝えることなのです。さらに、マジョリティの偏見に迎合し観光地の社会生活を過剰にステレオタイプ化（例えば、奇妙、原始、野蛮、エキゾチック、エロチック）することも避けるべきです。観光客と観光地の人々の間に尊重し合う関係、信頼し合う関係を作り出すのは、エスニックツーリズムを楽しませるための重要なポイントとなります。

このような真摯に向き合おうとする共感力と責任感こそ、エスニックツーリズムを楽しむ・楽しませるコツで、エスニックツーリズムの背後にある諸々の問題を乗り越えて新たな可能性を導き出すものなのです。それを身につけることは、「自由を共に楽しむ」力をもつことだと考えます。

註

（1）マキァーネルが名著『ザ・ツーリスト――高度近代社会の構造分析』（二〇一二年、学文社）の中で、このような状況に対して「舞台裏にみえる表舞台」と描いている。

参考文献

Jafari Jafari（ed.）（2000）*Encyclopedia of Tourism*, Springer Reference.
竹尾茂樹（二〇〇八）「台湾における『少数民族観光』の現状と課題」『PRIME』（二八）：七七—八七頁。

五　ダークツーリズムと民主化の試論
——五・一八光州民主化運動を事例に

1　ダークツーリズムと和解学

本章では、ダークツーリズムからみた「被害（者）と加害（者）」を理解することになります。従来の場合「加害者と被害者」の間には加害者から「和解案」を提案し、それに関して被害者の同意を求めるということが前提でありました。

しかし、お互いに自分が被害者だという自意識を持つことになると、「加害者と被害者」との関係を前提とする和解はより一層成立し難くなり、お互いが被害者としての正義を掲げて対立を深めることになってしまいます。

和解学とは、過去の様々な「被害者」とその人権や正義を念頭に置きつつ、それらが相互の関係に関する国民感情にどのような作用を及ぼしているのかを焦点として、「和解」を可能とする社会的条件を探求すること、それが和解学であると考えています。国民という匿名の集団が人々の心の中に想像されているのと同じように、国民と国民との和解もまた、同じように想像され得る時代をつくることです。国民的和解の想像可能性に取り組む必要があると考えます。そのために必要な社会的な条件を学問的に探求しつつ、社会への知的インフラの提供も必要だと思います。

本章では、五・一八光州民主化運動を通して、「被害者（光州市民ら）と加害者（新軍部勢力）」の立場をダークツーリズムからみて、お互いの事情を知る和解学（加害者＝被害者）への道を試論してみます。

観光といえば、新しい場所を訪れる新鮮さ、同行者とすごす時間を共有する楽しさといったポジティブなイメージがありますが、一方で、戦争や災害といったネガティブな感情をもつ場所を訪れ、悲劇の記憶を体感する「ダークツーリズム」が提唱されるものもあります。ネガティブな記憶は風化しやすい特性があるものの、観光客に訪れてもらい悲しみを追体験してもらうことで、同じ悲劇を二度と繰り返さないことにつながります。

舛谷（二〇二三）によると、「DARK TOURISM」はイギリスの社会学者 John Lenomn と Malcolm Fole による二〇〇〇年出版の書籍 *Dark Tourism：The Attraction of Death and Disaster* に由来する術語であると言います。直訳として「ダークツーリズム」と表記します。この本の中でダークツーリズムは、死・災害・暴虐（death, disaster and atrocity）など影を観る「観光」だが、漢語の由来「国の光を観る」観光と対置され、マスツーリズム対抗観光の一形態でもあります。

レノンら以前にも「THANATOURISM」という同様の観光形態を示す言葉はありましたが、日本では学術論文としてはフンク・カロリンの「『学ぶ観光』と地域における知識創造」（二〇〇八）、出版物としては東浩紀・井出明らの『チェルノブイリ・ダークツーリズム・ガイド』（二〇一三）がダークツーリズムに言及した比較的早い事例と思われます。

ほかに、ダークツーリズムは、ブラックツーリズム（Black tourism）、悲しみのツーリズム（Grief

tourism)とも呼ばれますし、「悲しみを受け継ぐ」という意味から「ピースツーリズム」と呼ばうという動きもあります。

しかし、批判的な見方や留意点もあります。井出明（二〇一二）によると、訪問者の無理解や倫理観の欠如により、当事者に対して心無い言葉が投げかけられる事案も発生しています。特に、当該地において心の傷が癒えてない人々が存在する場合には注意を要します。被災地の観光は被災社会・被災者の復興に寄与する可能性を秘めているものの、「まなざしをめぐる軋轢」や「観光利益の帰属先を巡る軋轢」を回避するには地域社会との合意形成が肝要でもあります。

2　五・一八光州民主化運動

（1）歴史的背景

五・一八光州民主化運動は、一九八〇年五月一八日から二七日まで、光州広域市（当時光州市）と全羅南道地域の市民が行った民主化運動をいいます。これは、「光州民衆抗争」、「光州市民抗争」、「光州抗争」、「光州義挙」などと呼ばれ、過去には新軍部と官弁メディアなどによって「光州騒擾事態」、「光州事態」、「光州暴動」などと報じられました。主な主張は、戒厳令撤廃と全斗煥保安司令官をはじめとする新軍部人事たちの退陣、金大中釈放などを要求したものです。

一九八〇年勃発当時は、極少数不純分子と暴徒の乱動（光州事態）と規定されましたが、第六共和国発足以後の一九八八年四月一日民主化推進委員会で「光州民主化運動」として正式規定され、同年一一月第一三代総選挙（四月二六日）の前哨戦である「与小野大」国会で事件究明のための国会光州特位聴聞会が開催されました。

朴正熙大統領の、長期間の軍事独裁が統治能力を喪失した一連の事態は、一九七九年一〇月以降連続的に発生しました。一〇月四日、新民党総裁の金泳三は国会で議員職を除名され、一〇月一五から一〇月二〇まで釜山・馬山などで「釜馬抗争」が起き、その解決をめぐる路線対立で一〇月二六日、金載圭が朴正熙を殺害しました。

このような「一〇・二六事態」の事後収拾過程で保安司令官の全斗煥少将を中心とした新軍部勢力が浮上し、「一二・一二事件」の下克上を通じて軍部を掌握したのです。

一九八〇年二月二九日、金大中らが復権しましたが、その春に、新軍部は崔圭夏過渡政府を有名無実にし、国民が要求する民主主義とそのための明確な政治日程提示を拒否しながら権力基盤を構築していきました。

軍部の再集権野欲に対する国民的抵抗は学生運動を中心に多様に表出され、江原道舎北事態（四月一九日～四月二四日）に代表される生存権問題にまで広がりました。五月一日、大学の反政府問題が郊外に広がり、五月一三日から五月一四日にかけてソウル・釜山・大邱・光州など三七の大学で戒厳撤廃を要求するデモが行われました。

五月一五日には、ソウル駅でデモが発生するなど、学生デモはソウル市街地をほぼ麻痺させるなど夜間まで続いて事態が絶頂に達し、新軍部勢力を脅かしました。五月一六日、二四の大学学生代表は当分の間、状況の推移を観望することに決め、街頭デモを中断しながら小康状態に入っていったのでした。

五月一七日、新軍部勢力が背後で操縦していた非常国務会議が、以前までは済州島を除く地域に限られていた非常戒厳を全国に拡大する措置である戒厳布告一〇号（一七日二四時に発効：各大学休校令含む）を夜九時四〇分に議決し、夜一一時四〇分に発表し、夜一一時を前後した時点から金大中・金鍾泌が連行されるなど、権力型不正祝裁者及び騒擾操縦容疑者、学生デモ主催者が逮捕されました。光州民主化運動はこのような背景で、五月一八日から始まったものです。

（2）五・一八光州民主化運動の経過

この運動が金大中の背後操縦や計画的な武装蜂起によって触発されたといううわさもありますが、外部の指示や操縦によって行われたと見るにはその発端が自然発生的なものでした。新軍部を中心とした執権勢力が国民を抑圧しようとする状況で行われた光州での空輸部隊中心の武力鎮圧が学生と市民の怒りを誘発し、鎮圧の強さが高まるにつれて自然に市民の武力抵抗に発展したのです。光州民主化運動は学生デモから市民蜂起へと広がり再び武力抗争に発展しました。

五月一三日、ソウルでの街頭進出に刺激を受けた光州の大学生は、一四日と一五日に街頭に進出し、五月一六日、他の地域では落ち着きましたが、光州では夜間にトーチ（松明《たいまつ》）デモが敢行されました。

デモ隊が徐々に増え、空手部隊員が市内でデモ鎮圧に乗り出して、一八日午後一時から無差別鎮圧作戦が行われ、負傷者が続出しました。

兵士たちが錦南路など市内中心街で学生に見える青年や女性を殴打して踏みつけて刺すなどの残酷な行動をすると、市民たちは驚きを禁じられませんでした。これにデモ隊は午後四時以降、派出所破壊など積極攻勢に乗り出しました。戒厳軍の過剰武力鎮圧はデモを解散させることには成功しましたが、むしろ市民を団結させ、結局一九日に市民・学生連帯が発生するきっかけを与えました。

市民軍と戒厳軍の銃撃戦で最も多くの死者と負傷者が生じました。光州民主化運動は数多くの死傷者を出しながら幕を下ろしました。ソウル地方検察庁・国防部検察部の一九九五年七月一八日発表によると、それまでに確認された死亡者は一九三人だが、このうち軍人二三人、警察四人、民間人一六六人でした。怪我人は八五二人と確認されました。

（3）五・一八光州民主化運動の結果

光州で起きた力の闘争の結果、新軍部の権力は確固としたものになりました。彼らは金大中と主要在野人事、そして光州民主化運動関連者を内乱陰謀罪の疑いで拘束しました。五月三一日、国家保衛緊急対策委員会が構成され、七月一四日、金大中内乱陰謀事件が発表されました。

結局、新軍部の執権は既定事実となり、八月一六日、崔圭夏大統領が残りの任期を満了せず、全斗煥は八月二七日統一主体国民会議代議員の選挙により第一一代大統領に就任しました。これで全斗煥政権の公式発足が可能になりました。

一九九三年に文民政府発足以来、光州民主化運

写真5－1　5・18光州民主化運動の死者たち

出典：韓国5・18記念財団 http://www.518.org/intro.html（2023年10月15日閲覧）.

動の鎮圧方法に対する法的議論が提起されました。一九九四年五月一三日、光州民主化運動の関連者は全斗煥・盧泰愚など三五人を内乱および内乱目的殺人容疑で告訴しましたが、一九九五年七月一八日検察は「五・一八関連者に公訴権がないため、不起訴を下す」と述べました。

しかし、五・一八特別法を制定するという要求があり、盧泰愚前大統領が一一月一六日非資金関連事件に拘束され、一一月二四日、金泳三大統領は民主自由党に「五・一八特別法を制定せよ」という電撃指示を出しました。金泳三は国民の要求に「歴史をすぐに立てる」というスローガンで応えたのです。

一一月三〇日、検察は一二・一二事件と五・一八事件特別捜査本部を構成して再捜査に着手し、全斗煥前大統領も反乱収壊などの容疑で一二月三日拘束収監されました。一二月一九日、五・一八特別法が国会を通過しました。

裁判の過程で全斗煥は、第五共和国政府は合憲政府であるとして内乱政府で断罪することは不当だと主張し、盧泰愚はこの事件が司法処理の対象にならないと主張しました。これに、裁判部が一九九七年四月一七日、一二・一二事件は軍事反乱であり、五・一七事件と五・一八事件は内乱及び内乱目的の殺人行為だったと断定しました。

一九九六年一二月一六日、控訴審で全斗煥は無期懲役、罰金二二〇五億ウォンの追徴を、盧泰愚は懲役一五年に罰金二六二六億ウォンの追徴が宣告され、一九九七年四月一七日の上告審で上刑が確定し、大統領当選に際し、一九九七年一二月二二日特別赦免で釈放されました。

3 「五・一八光州民主化運動」とダークツーリズム

(1) 旧全羅南道庁庁舎と錦南路

韓国南西部の地方の行政をたばねる庁舎だった建物で、市民指導層が活動した旧道庁と、その前をのびる錦南路は、五・一八民主化運動期間中、市民が戒厳軍に対して連日激しく抵抗した象徴的な通りです。五月一八日に最初の学生座り込みがあり、五・一八民主化運動以降、真実を明らかにしようとする闘争がこの通りで行われ、今も民主化のための市民集会が続いているところです。市民らのデモ、戒厳軍の発砲など事件の現場となりました。現在の道庁は移転して、木浦市にあります。ここは、光州事件（光州五・一八事件）のシンボルとして知られており、韓国映画「光州五・一八」（二〇〇七年）、「タクシー運転手」（二〇一七年）などで、当時の事件とこの建物の歴史に触れられています。建物は一部を除いて、現在もなお補修を繰り返しながら保存され、敷地内を歩けば壁には銃弾跡が分かるように印がつけられています。現在は「国立アジア文化殿堂」内の「五・一八民主平和記念館」として内部が見学できるようになっています。また、建物の前は「民主広場」と呼ばれ、噴水や楼閣、一九八〇年の事件当時から残る時計台などがあり、様々な市民向けのミニイベントが開かれます。「五・一八民主平和記念館」では、一定時間ごとに語り手の方が当時の物語を解説しています。

(2) 国立五・一八民主墓地

韓国観光公社のホームページによると、光州民主抗戦を称える場所である国立五・一八民主墓

写真５－２　光州事件の中心地となった全羅南道旧道庁前広場

撮影：徐台教
出典：イミダスホームページ https://imidas.jp/jijikaitai/d-40-141-20-06-g734（2023年10月15日閲覧）.

地は光州広域市北区にある公園で、五・一八墓域とも呼ばれています。光州駅から北へ車で二〇分程度、山あいの閑静な場所に位置します。民主化を求める市民らが韓国戒厳軍と衝突した一九八〇年の「光州事件」の犠牲者を追悼、記憶するために設立されました。その事件は、五千人ともいわれる死傷者が出て、現在、反独裁民主化運動の象徴とされています。広大な敷地は墓域と参拝所、展示館などからなり、遺族はもちろん国内外からの訪問者も迎え入れる空間となっています。

文民政府（金泳三政権＝一九九三～九八年）発足とともに、五・一八光州民主抗戦に対する再評価事業が行われ、また五・一八民主化運動による犠牲者の墓地を民主化の聖地として作ろうという声が志ある国民から上がりました。光州広域市は韓国政府の支援を受け、光州広域市北区雲亭洞山三四番地にある一六五平方キロメートルの敷地に、五・一八墓地を造成しました。墓域内には五・一八民主化運動で犠牲となった英霊の墓七六四基（二〇一七年現在）が祀られており、このほか建築物七棟（民主の門、遺影奉安所、歴史の門、崇慕楼、追念門、管理棟、休憩室）や歴史空間、民主広場、参拝広場、展示空間、象徴造形物、光州民主化運動追慕塔、七つの歴史広場（義兵、東学、三・一運動、光州学生運動、四・一九革命、光州民主運動、統一広場）、献樹記念碑、竣工記念塔などがあります。忘れることができない現代史の痛み、五・一八民主抗戦は一九八〇年五月一八日に始まりました。その前年の一九七九年一〇月二六日に起きた朴正熙大統領暗殺事件後の政情不安の中で発生した後の大統領となる全斗煥少将らによるクーデター・一二月一二日事件、そしてこのクーデターにより政権掌握をした新軍部の陰謀に対し市民らが猛反発し民主化運動を韓国全国で展開しました。このような全国的な広がりを見せた市民らの抵抗運動を新軍部が鎮圧する過程で恣意的に行われた代表的な反民主虐殺事件がこの五・一八光州民主抗戦です。

写真５－３　国立５・18民主墓地

筆者撮影（2019年２月９日）.

　この墓地は五・一八民主抗戦の過程で犠牲となった光州市民の精神を称え、この地に再びこのような道理に反した出来事や独裁を許してはならないと戒めるとともに、生きた歴史の現場として活用されている場所です。

　また、民主聖地を自らの手で作り上げるため始まった「民主の木・献樹運動」は五・一八民主抗戦の崇高な精神を国内外に広く知らしめる機会にもなりました。五・一八民主化運動追慕塔は五・一八墓地の中央に位置しています。四角い柱である塔身は四〇メートルの高さを誇り、韓国の伝統石造物で寺院の入口などに立てられた旗竿を支える二本の幢竿支《どうかんし》柱《ちゅう》を現代風にアレンジし形状化しました。追慕塔上部は二本の塔身が楕円形のオブジェを手で包み込むような形となっており、この形状は新しい生命の復活を象徴しています。時々刻々変化する太陽の光が追慕塔に反射する光の様子はあたかも希望の証となっているかのようです。

また、この墓地には英語や日本語などによる語り手もいます。いまはまだ修学旅行の学生や近所の方しか行かないダークツーリズムの場所ですが、外国からも旅行者が増えています。

この墓地管理事務所のデータをみると、年間総訪問者数は六一万一〇一八人で前年の五七万八六四六人に比べ三万二三七二人も増えました。

毎年一月には新年の決意を五・一八墓地でしようとする訪問者から始まり、三～五月の花の咲く春には山岳会などの団体参拝と小中高校生のピクニックが続くとも言います。続いて、七～八月になると放課後を過ごそうとする学生たちの足取りが多くなるなど、訪問者が年間を通じて均等に分散される嬉しい現象が見られます。

管理事務所側は、多様な教育と体験プログラムを備えた慰霊館が開館し、記念行事が行われる五月だけでなく、四季を通じて参拝客の訪問がさらに増えていると言います。

一九九〇年代以降、海外の人権団体や民主主義関係者の定番巡礼コースとしても国際的な知名度を築いたこの墓地には、現在四七八人の五月犠牲者が眠っており、永久安置所など一〇の付属建物を備えています。

4　未来のための「和解学」へ向けて

五・一八光州民主化運動は、一九五〇年の六・二五戦争以来、最も多くの死傷者を出した政治

写真５－４　国立５・18民主墓地の語り手

出典：韓国観光公司ホームページより（2023年10月24日閲覧）.

的悲劇であり、韓国の民主化過程において最大の事件の一つだったと言えます。光州民主化運動を契機に韓国の社会運動は一九七〇年代の知識人中心の反独裁民主化運動から一九八〇年代民衆運動へと変化をもたらしました。執権勢力に対抗して最初に武力抗争を展開したとはいえ、一九七〇年代の抵抗運動の水準と限界から大きく外れたわけではなかったのです。

光州民主化運動は、明確な指導部と理念的プログラムが欠けている状態で起きた非組織的群衆の自然発生的な自治行為であり、防御的で大衆的な抵抗だったという点で、一九七〇年代式反独裁市民運動とその軌道を共にしていると言えます。

歳月が流れ、加害者である盧泰愚前大統領が二〇二一年一〇月二六日に八八歳で死去し、後を追うように同年一一月二三日に全斗煥前大統領も亡くなりました。盧泰愚は一九八〇年五月の「光州事件」や七九年一二月の「粛軍クーデター」の責任者として糾弾する否定的な報道が目立ちました。

それに、全斗煥は一二・一二軍事クーデターを起こして権力を奪取した後、五・一八民主化運動を無慈悲に鎮圧し、数多くの人々を犠牲にし、執権期間中独裁で一貫して市民の民主化熱望を踏みつけました。しかし、権力から退いて死に至るまで、一度も間違いを謝罪しませんでした。加害者二人はなくなってしまいました。

いまの韓国社会に全斗煥、盧泰愚を否定する空気が強いことも理解できるでしょう。しかし、「棺を蓋いて事定まる」と言いますが、故人になってからもそれ一色というのはどうかと違和感を持ちます。盧泰愚の民主化宣言がなければ、現在に至る韓国の言論の自由も、国力の伸張もなかったでしょう。盧泰愚の思い切った決断が韓国の民主化に果たした役割は否定できません。

それに、盧泰愚前大統領夫人の金玉寂が盧前大統領就任直後の一九八八年二月二五日、極秘で光州市北区望月洞旧墓役の李韓烈烈士墓駅前で参拝しました。

また、二〇一九年八月二九日に盧泰愚の長男盧載憲も国立五・一八民主墓地を訪ね、遺族たちに謝罪し、参拝をしました。盧載憲は墓地の入り口にある民主の門に置かれた芳名録に、「五・一八光州民主化運動四〇周年を記念し、大韓民国の民主化の種となった貴い犠牲に頭を下げて感謝申し上げます」と書きました。

盧載憲は、その後五・一八民衆抗争追悼塔に向かい「五・一八民主英霊を追悼します。第一三第大統領、盧泰愚」と書かれた花を供えて焼香を行いました。当時闘病中の盧泰愚は載憲を通じて五・一八民主化運動の犠牲者たちに謝罪の意を伝えたものと受け止められています。

盧載憲は、ユン・ハンボンら犠牲者や有功者ら四人の墓を参拝しました。続いて五・一八墓地の隣にある旧望月洞民族民主烈士墓地を訪れ、故李韓烈の墓も参拝しました。李韓烈の墓地には金玉淑の名が書かれた花を供えました。この日、参拝に先立って芳名録に「謹んで五・一八光州民主化運動犠牲者の方々の冥福を祈ります。心から犠牲者と遺族に謝罪し、光州五・一八民主化運動の精神を心深く刻みます」と書きました。

今回の墓参りにはキム・フシク前五・一八負傷者会長ら四人が同行しました。盧載憲の五・一八墓地参拝は二〇一九年八月に続いて二度目で、光州への謝罪訪問は三度目でありました。新軍部の主役の直系家族のうち五・一八墓地を訪問して謝罪したのは盧載憲が初めてでありました。

盧載憲は当時、墓参りの写真を父に見せたとされ、盧泰愚は明るい表情で写真を見たといいます。キム・フシクは、「載憲氏は犠牲者の英霊に謝罪しなければならないと思っている。それを行動で示したものだ」と話しました。

二〇二一年一〇月二七日、朴南善光州五・一八遺族代表はソウル鍾路区のソウル大病院の葬儀場で弔問を終えた後、記者団と会い、「もし全斗煥氏が亡くなっていたら、私は来なかっただろうが、五・一八光州虐殺の残虐行為について、盧泰愚元大統領は何度も息子を通じて責任を痛感し、許しを求める言葉を発してきた」と述べ、この日殯所を訪れた理由を説明しました。

彼は「(盧前大統領は)許しを求め、もうこれ以上どんな責任も問うことができない時期になったのではないかと思い、今日この場に来た」と付け加えました。

朴南善代表は「盧泰愚前大統領は息子である盧載憲弁護士を通じて何度も光州虐殺に対する責任を痛感し、それに対して謝罪するという話をした」と改めて明らかにしました。二〇二二年の一〇月二七日、盧泰愚前大統領の二周忌にも朴南善代表は参加しました。

全斗煥の孫全祐院も、二〇二三年三月三一日に、五・一八記念文化センターを訪問し、レセプションホールで五・一八遺族及び被害者と面談をする席を持ちました。この席で、全祐院は「祖父全斗煥は民主主義を逆に流れさせた」とし、「軍部独裁に対抗して苦しんだ光州市民にもう一度申し訳ない」と謝罪の意を表すと共に、必要な場合、五・一八真相究明調査委員会調査と五・一八記念式などに出席するという意思を明らかにし、五・一八当時家族を失った「五月の母親」の前でひざまずきました。以後、五・一八記念公園内追慕昇華空間も一緒に訪問しました。

芳名録に、「私は暗闇を光で明らかにしてくれて心から感謝します。民主主義の真の方はここに埋葬されているすべての人たちです」と書くと、被害者である遺族からは、「死んでも目を閉じて死ぬように、私たちの光州市民の前に真実を明らかにしてほしい。いつも気をつけて健康な姿で」と言いました。また遺族からは、「この謝罪がこれで終わるのではなく、今後ずっと憂鬱になれば望月洞に訪問して英霊たちと御言葉も分けて、いつもそうしてほしい。（中略）許すと言えば、私たちが許しを受けてあげるので、これからぜひ歩みを続けていくことを真実に願います」とも言いました。

日本のことわざで、「黄泉路《よみじ》の障り」というものがあります。死んで冥土に行くときに、支障となるものをいいます。二人の前大統領たちの加害者はもう死んでしまいましたが、その家族や子孫らが被害者に謝罪しました。それに、被害者らもそれに答えています。これこそが、未来のための「和解学」へ向けて行くのではないかと思います。

最後に、一九八〇年五月二七日お昼の市民デモ隊の街頭放送を聞きたいと思います。

愛する光州市民の皆さん、
今戒厳軍が攻めてきています。
愛する私たちの兄弟姉妹たちが戒厳軍の銃剣に死んでいます。
我々は、すべて戒厳軍と最後まで戦いましょう。
私たちは最後まで光州を死守することです。
皆さん、私たちを忘れないでください。
私たちは最後まで戦うことになります。

参考文献

外谷鋭（二〇二三）「戦争を巡るダーク・ツーリズム試論」『立教大学観光学部紀要』第二五号、二―一六頁、二〇二三年三月。

井出明（二〇一二）「日本におけるダークツーリズム研究の可能性」『進化経済学会論集』第一六巻、進化経済学会、二〇一二年三月。

ユン　ソンイ（二〇一六）『大韓民国の民主主義』現代史教育叢書五、大韓民国歴史博物館、二〇一六年一二月。【韓国】
ソ　ジュンソク（二〇〇八）『韓国現代史六〇年』歴史批判社、二〇〇八年一一月。【韓国】
カンジュンマン（二〇〇六）『韓国現代史散策：一九八〇年代編　一』人物と思想社、二〇〇六年五月。【韓国】
五・一八記念財団ホームページ　http://www.518.org/intro.html【韓国】
news1ホームページ　https://www.news1.kr/【韓国】
東亜日報日本版ホームページ　https://www.donga.com/jp/article/all/20200530/2077440/1
イミダスホームページ　https://imidas.jp/jijikaitai/d-40-141-20-06-g734
キリシン新聞社ホームページ　http://www.kirishin.com/2023/06/20/60908/
朝鮮日報ホームページ　https://www.chosun.com/politics/politics_general/2023/10/26/KSPYY7Z2UZCJ7IGO3HL6ALV6RE/?utm_source=daum&utm_medium=referral&utm_campaign=daum-news【韓国】
NEWSISホームページ　https://www.newsis.com/view/?id=NISX20211027_0001629203&cID=10301&pID=10300【韓国】
中央日報ホームページ　https://www.joongang.co.kr/article/25018646#home【韓国】
韓国観光公社ホームページ　https://visitkorea.or.kr/【韓国】

おわりに

本書は山田良治による『観光を科学する　観光学批判』から始まる『観光を見る眼』シリーズの第3巻です。本書はすべて各執筆者の研究成果に基づく書き下ろしです。

本書の各著者は大阪観光大学の観光学部の教員で、初年次教育のクラスを担当するなどして日常的に関係をもつ中で本書の着想を得ました。そして約一〇回にわたる研究会を開催して出版に漕ぎ着けることができました。

第一章担当の小槻文洋は広く観光を研究しており、第二章を担当する河村悟郎と第四章を担当する尤驍は文化人類学の観点から観光へアプローチし、第三章担当の身玉山宗三郎は法学・政策学の観点、第五章担当の金世徳は政治学の観点から観光を観察しています。特に河村と尤は二〇二三年度着任の若手研究者として執筆しました。

本書は『観光を科学する』のあとがきで示唆された大阪観光大学教育課程の抜本的な再編成を受けて打ち出された観光に欠くべからざる要素としての「楽しむ力」「楽しむことを手伝う力」、を強く意識して本書各著者による一つの回答として生み出されたものともいえます。「楽しむ力」は大阪観光大学の建学の理念の一部も成しています。

本書が観光に欠くべからざる要素としての「楽しむ力」「楽しむことを手伝う力」を説得的に伝えられたか否かは読者各位のご判断に委ねようと思います。

本書が脱稿された直後の令和六年一月一日、能登半島地震が発災しました。本学には阪神・淡路大震災の被災者も多く在籍しており能登半島の被災地に思いを馳せています。最近まで狭いところや暗いところにいられないというＰＴＳＤのような経験をした者もおり、今般多くの人がそのような状況にあるのではないかと危惧しています。阪神は日本における交通の要衝であるため継続的な復興支援がありましたが、能登半島は陸路としては袋小路であるため、比較的短期間で忘れ去られ、現地の人だけで復興しろという話にならないように注視していくべきだと思います。この点、観光は長期的な支援が可能なのではないでしょうか。研究や授業に関して今回の被災地をテーマにしていくことが本学ができる支援かもしれません。この点、本書ではダークツーリズムも扱っており長期的な復興のために参考になれば幸いです。

他方で令和五年の我が国の観光統計を見るとすでにコロナ禍前の来日客数や観光消費額を回復するか、すでに超えている水準となっており明るい材料もあります。本書が示している楽しむ力とツーリズムの考え方が我が国観光のさらなる後押しとなることを期待しています。

本書は、大阪観光大学観光学研究教育センターの渡邉恭子氏と佐藤智子事務長の叱咤激励、そして晃洋書房編集部の山本博子氏とのチームワークの産物です。末尾ながら、感謝申し上げます。

身玉山宗三郎

大阪観光大学ブックレットシリーズの発刊にあたって

二一世紀は、期待と現実の両面で観光の時代として特徴付けることができます。大阪観光大学という、日本で初めて大学名に観光を冠した大学が二〇〇六年に産声をあげたのも、こうした時代の到来を象徴する出来事と言えるでしょう。その直後二〇〇七年の観光立国推進基本法施行、翌年の観光庁設置という政策フレームの中で観光立国政策が推進され、その後インバウンドが急激に増大し、日本の隅々で外国人観光客の姿が日常の光景となりました。

こうした状況を一変させたのが、二〇二〇年に入ってからのコロナ禍の到来です。外国人観光客はもとより、国内観光も壊滅的な打撃を受けるという未曾有の事態の到来です。観光にとどまらず外出そのものの「自粛」は、これまでの生活のあり方に対して根底から見直しを迫るものとなりました。今回のコロナ禍は長期にわたるとしても、やがては終息が見込まれます。それに伴って、観光もまた復権していくでしょう。しかし、そのことは単にそれまでの観光ひいては日常生活への回帰とはならない可能性があります。

本シリーズは、伊藤鉄也前学長の掛け声の下、まさにそのような事態を前にして、「観光を見る眼」をキーワードとするブックレットシリーズとして企画されました。多様な専門領域や経歴を持つ本学教員が、それぞれの立場から観光を見つめます。

二〇二一年四月

大阪観光大学観光学研究所
（現観光学研究教育センター）

〈著者紹介〉

小 槻 文 洋（おつき　ふみひろ）[はじめに・第一章 担当]
1969年 神奈川県生まれ.
大阪観光大学観光学部教授．東京大学大学院総合文化研究科博士課程単位取得．修士（学術）．外務省在スリランカ日本大使館専門調査員，神戸夙川学院大学観光文化学部・神戸山手大学現代社会学部観光文化学科准教授等を経て現職．観光ホスピタリティ教育，持続可能な観光に関心がある．
主著（共訳書）として『観光研究のキーコンセプト』(現代図書，2014年)，『観光調査のキーコンセプト』(同友館，2015年)．

河 村 悟 郎（かわむら　ごろう）[第二章 担当]
1994年 千葉県生まれ.
大阪観光大学観光学部講師．慶應義塾大学文学部卒業．東京大学大学院総合文化研究科修士課程修了．同大学院博士課程在学中．専門は文化人類学，民俗学．滋賀文教短期大学講師を経て現職．
主著として「『サッカーの人類学』の理論的組み換え：文化社会現象としての問題から『情動（アフェクトゥス)』の問題へ」『文化人類学』第87巻2号（2022年)，「『ポストコロナ』の日本の観光研究に向けて：『マイクロツーリズム』から『避密ツーリズム』へ」『現代民俗学研究』第14号(2022年)．

身玉山 宗三郎（みたまやま　そうざぶろう）[第三章・おわりに 担当]
1973年 愛知県生まれ.
大阪観光大学観光学部教授．中央大学法学部法律学科卒業．中央大学大学院総合政策研究科前期博士課程修了．神戸大学大学院国際協力研究科後期博士課程単位修得満期退学．外務省在インドネシア日本国大使館政務専門調査員，東京福祉大学講師，大阪観光大学准教授等を経て現職．最高裁判所登録法廷通訳翻訳人．
主著として「インドネシア津波災害後アチェ ADR 制度支援」『法整備支援論』(ミネルヴァ書房，2007年)，「『汚職はインドネシアの文化だ』という仮説に関する事例研究：ガユス事件」『六甲台論集　国際協力研究編　第15号』(神戸大学，2014年)．

尤　　驍（ゆう　しょう）[第四章 担当]
1990年 中国遼寧省生まれ.
大阪観光大学観光学部講師．大連外国語大学日本語学院卒業．神戸大学大学院国際文化学研究科博士課程後期課程修了．博士（学術）．専門は文化人類学．
主著として「現代社会におけるルカイ大頭目の権威の再構築：『伝統のシンボル』と『利他的な貢献者』」『台湾原住民研究』第22号（2018年)，「台湾原住民族の文化復興と文化産業化をめぐる諸問題：ルカイ・クンガダワンの黒米祭の事例を通して」『神戸文化人類学研究』第6号（2022年)．

金　世 徳（きむ　せとく）[第五章 担当]
1970年 韓国全羅南道生まれ.
大阪観光大学観光学部教授．関西学院大学大学院総合政策研究科博士前期課程修了．神戸大学大学院国際協力研究科博士後期課程修了．博士（政治学)．芦屋大学臨床教育学部教授を経て現職．
主著として『韓国現代政治：中央集権から地方分権への道』(博英社，2024年)，『韓国の民主市民教育』(博英社，2024年)．

観光を見る眼　第3号
楽しむ力とツーリズム

2024年4月10日　初版第1刷発行
＊定価はカバーに表示してあります

著　者　小槻文洋
河村悟郎
身玉山宗三郎©
尤　曉
金　世徳

発行者　萩原淳平
印刷者　藤森英夫

発行所　株式会社　晃洋書房
〒615-0026　京都市右京区西院北矢掛町7番地
電話　075(312)0788番㈹
振替口座　01040-6-32280

装丁　尾崎閑也
印刷・製本　亜細亜印刷㈱

ISBN978-4-7710-3843-1